I0838855

Título: Esperar en Urgencias. Acceso a la salud en hospitales de México
Autor: Bruno Lutz
Revisión y corrección de estilo: Karla Magdalena Pinal Mora
Ilustración de portada: Ante Samarzija
Primera edición: 2023
ISBN Tapa blanda: 9798848783858
ISBN Tapa dura: 9798358968295
D.R. © Bruno Lutz

ESPERAR EN URGENCIAS

ACCESO A LA SALUD EN HOSPITALES PÚBLICOS DE LA CIUDAD DE MÉXICO

BRUNO LUTZ

Agradecimientos

Quisiera expresar mi reconocimiento a todos los estudiantes de la Licenciatura de Sociología de la Universidad Autónoma Metropolitana –unidad Xochimilco-, quienes aceptaron realizar un estudio de las condiciones de espera en hospitales de la Ciudad de México, como parte de una investigación grupal trimestral. Decidieron confrontarse con una realidad callada y oculta por las Ciencias Sociales en México. Que reciban aquí mi gratitud y sendo reconocimiento.

También quisiera agradecer a mis colegas de la universidad quienes me hicieron algunas sugerencias críticas en el Congreso Departamental llevado a cabo en 2019 y en el cual presenté los avances parciales de mi investigación.

Debo mencionar a los ponentes de la mesa 45 del III Congreso Latinoamericano de Teoría Social celebrado en 2019 en Buenos Aires, Argentina, quienes me compartieron generosamente una valiosa bibliografía sobre el tiempo de espera relativo a este país suramericano. Les doy las gracias por su interés y apoyo.

Finalmente, manifiesto mi más profundo reconocimiento a la Mtra. Karla Pinal Mora por sus varias lecturas del manuscrito –como parte del proceso de corrección de estilo– y sus destacados comentarios que me permitieron mejorar de manera significativa la estructuración de las diferentes partes.

INDICE

RESUMEN

Este estudio aborda la cuestión del acceso a la salud desde el enfoque de la sociología de la salud. No obstante el hecho de que es un tema poco trabajado, la espera del enfermo y sus acompañantes es una realidad universal en los países latinoamericanos y particularmente en México. En esta obra se examinan diferentes dimensiones de la espera en Urgencias en hospitales públicos, pues se trata de una unidad médica especializada en recibir pacientes con traumatismos severos y enfermos graves. Los más necesitados son quienes invariablemente esperan más tiempo y, por ende, tienen más probabilidad de empeorar su estado de salud. Cuando una persona se encuentra entre la vida y la muerte, el tiempo de atención es crucial. De ahí la importancia del tema.

A partir de un trabajo de campo de más de cuatro años, en doce hospitales de la Ciudad de México, se exploran las razones por las cuales la atención médica en Urgencias es a menudo insatisfactoria. Múltiples entrevistas, aunadas a una paciente labor etnográfica, han permitido a su autor -investigador experimentado en el campo de las Ciencias Sociales- descubrir un fenómeno complejo a menudo asociado con tragedias individuales. Porque es un asunto que atañe al bienestar de las personas, en este libro se alumbra los diferentes aspectos del fenómeno de la espera en Urgencias. Este riguroso estudio sugiere también soluciones posibles para mejorar el acceso a la salud de los derechohabientes del sector público de la salud.

INTRODUCCIÓN

Una mujer llevó a su esposo muy enfermo al hospital de San Luis Acatlán, Guerrero. Era domingo 1 de octubre del 2017. Esperaron cinco horas afuera, en la intemperie. El señor agonizó y falleció sin haber sido atendido. Era un humilde campesino, derechohabiente del Seguro Popular. Su viuda se lo llevó de regreso a su pueblo para sepultarlo.[1] Esta tragedia no es un caso aislado: se viene repitiendo en el silencio de la pobreza, a lo largo y ancho del país. Es preciso señalar que estas desatenciones no corresponden a un único sexenio, ni a un partido político en el poder. En el campo y en las ciudades, los enfermos de escasos recursos están habituados en esperar mucho tiempo para poder ver a un médico. Incontables son los enfermos cuyo estado de salud se deteriora significativamente mientras esperan ser atendidos en el área de Urgencias de los hospitales públicos. La espera es la forma de maltrato más común entre los derechohabientes del sector salud.[2]

Ahora bien, la decisión de enfocarnos en el tiempo de espera de los enfermos y sus familiares en la unidad de

---

[1] "Su esposo muere en sala de espera después de 5 horas sin atención", en *Excelsior*. Disponible en: https://www.excelsior.com.mx/nacional/2017/10/03/1192136 (consultado el 11/02/2023).

[2] Los artículos del periodismo de investigación: "Hospitales públicos, calvario para los familiares de pacientes pobres" de Ortiz Borbolla (2014), "Hospitales llenos y sin medicina: el calvario de los pacientes" de Ureste (2016), y "Espera en urgencias del IMSS, 58.7 minutos; en privado, 12.7. La salud pública está enferma: CONEVAL" de la Redacción de SinEmbargo (08/12/2018), "La salud pública en México es eso que nadie quiere usar" del New York Times (03/08/2020), detallan las consecuencias negativas de disfuncionamientos en las unidades médicas del ISSSTE y del IMSS.

Urgencias en hospitales de la Ciudad de México es la continuación de un trabajo exploratorio (no publicado) sobre la tardanza de los trámites administrativos y la inercia burocrática en dos poblaciones marginadas ubicadas al sur de la capital. Muchas de las personas entrevistadas nos confiaron, separadamente, que habían tenido una experiencia de espera negativa en un hospital público, ya sea como paciente o acompañante.[3] Estos testimonios corroboraron la atinada sugerencia del sociólogo argentino Javier Auyero, de analizar el tiempo de espera en hospitales, como consecuencia de disfuncionamientos organizacionales y al mismo tiempo como mecanismo de control.[4]

En esta obra nos interesaremos en los aspectos sociales del tiempo de espera y dejaremos de lado los estudios de corte psicológico, las evaluaciones internas de grupos de doctores con especialidad en "Urgencias médico quirúrgicas", de médicos generales (y especialistas de otra rama) que brindan servicio en las áreas de Urgencias, así como las modelizaciones

---

[3] Para hacer frente a la mala atención en hospitales públicos en México –que incluye un largo tiempo de espera para ser atendido y los errores médicos– se constituyeron organizaciones de la sociedad civil. Éstas llevan a cabo una labor dedicada a orientar y defender los pacientes, víctimas de abusos en los hospitales. Al respecto, pueden mencionarse: la "Red de Acceso por el mejoramiento en tiempo y forma para cada paciente", la asociación "Rebelión de los enfermos", asentada en Hermosillo, Sonora, así como la "Fundación Hipócrates A.C." para la defensa y protección de los pacientes, situada en el norte de la capital del país.

[4] "La espera como espacio de disciplinamiento social". Entrevista a Javier Auyero, por Lucía Álvarez. Disponible en: http://rodriguezesteban.blogspot.mx/2014/11/la-espera-como-espacio-de.html (consultado el 14/01/2023).

matemáticas de la espera (*theories of queuing*). Tampoco se tomarán en cuenta las propuestas en torno a la pobreza de tiempo como una variable determinante para calcular el grado de marginación de la población (Damián, 2014), pues se enfocan en el impacto de la carencia del tiempo libre de los sujetos para alcanzar cierto nivel de bienestar, y no en la experiencia acumulada de esperar en oficinas gubernamentales y hospitales. Si bien estas dos temáticas están relacionadas, es preciso ir más allá de la descripción del tiempo libre como marcador de las diferencias entre las clases sociales. Además, queremos hacer hincapié en el hecho de que son las mismas administraciones públicas federales y estatales las que suelen quitar tiempo a los ciudadanos, siendo los de menores ingresos los que más tiempo pasan haciendo trámites.

Una revisión de la literatura en Ciencias Sociales nos permitió discernir cuatro grandes ámbitos de estudio:

(1) La fila de espera para adquirir un bien de consumo u obtener un servicio: el investigador Coenen-Huter (1992) analizó la producción informal de normas en las filas para poder conseguir productos en comercios de la Unión Soviética, y por su parte Gottesdiener (1994) recalcó en su artículo el efecto negativo sobre los visitantes de la fila de espera para acceder a museos.

(2) Respecto del tiempo de espera en la realización de un trámite administrativo, deben mencionarse tanto el estudio bien documentado de los derechohabientes del Seguro Social en la unidad administrativa de un suburbio de París (Martin, 2011), como los trabajos sobre la espera institucionalizada de los inmigrantes en situación irregular en la Unión Europea (Leblanc, 2000; Clochard, Laacher, 2006; Martín Pérez, 2009). Por su parte, la investigadora Laura Ferrero (2003) desarrolla

una reflexión antropológica sobre la asignación de turnos en un Centro de Salud Comunitario de la capital argentina, y sus efectos en la construcción social de formas de comportamiento ritualizado. Todavía en Buenos Aires, una investigación muy relevante para nuestro estudio es la del sociólogo Javier Auyero (2013), quien analiza detalladamente la espera de los solicitantes de apoyo gubernamental quienes en su mayoría son mujeres extranjeras en situación precaria.

(3) Desde el campo de la geografía de la salud, investigadores han estudiado las implicaciones de la baja accesibilidad a los servicios de salud (López, Aguilar, 2004), pero pocos en México son quienes han tomado en cuenta el tiempo de traslado. Uno de ellos es Garrocho, quien, en un artículo, refiere la trayectoria de una niña enferma que vive con su familia en una localidad rural del Estado de México donde no hay servicios básicos. Sus parientes se vieron en la obligación de trasladarla hasta un hospital de la ciudad de Toluca para poder ser atendida. El académico señala que el traslado que hicieron desde su comunidad a la capital del estado tuvo un alto costo para esta familia de escasos recursos. De ahí que "La geografía del tiempo proporciona una notación gráfica original que permite representar el comportamiento espacial de los individuos bajo restricciones especificas..." (Garrocho, 1993: 548-549)

(4) Finalmente, en relación con el tema específico de la espera para ser atendido en el servicio de Urgencias, cabe nombrar el estudio cuantitativo de Thompson y Yarnold (1995) –en el Hospital MacNeal de Chicago–, quienes comprobaron la existencia de una correlación inversa entre el tiempo de espera y el nivel de

satisfacción de los pacientes, mientras que en un trabajo etnográfico en otro centro médico de esta misma ciudad norteamericana –el Cook County Hospital–, Peneff (1998) detalló las técnicas administrativas para reducir arbitrariamente el número de pacientes con tal de bajar de forma insidiosa la carga de trabajo del personal. En un estudio sobre la condición del usuario de Urgencias en el hospital de Helda, España, Carbonell *et al.* (2006) corroboraron que la percepción del paciente sobre los tiempos en Urgencias afecta su nivel de satisfacción. Comprobaron estadísticamente la existencia de una correlación entre el tiempo percibido por el paciente y los tiempos reales de atención (registro, valoración, diagnóstico, traslado, etc.), pero recomendaron implementar prioritariamente medidas para modificar la percepción de los usuarios. Muy interesante también es el trabajo etnográfico en Urgencias de un hospital de Medellín, Colombia, cuyas autoras muestran los efectos adversos del maltrato banalizado de los derechohabientes (falta de información, sala de espera hacinada, espera larga e incierta para ser atendidos) y formulan propuestas para revertir esta situación (Lopera Betancur *et al.*, 2010). Más recientemente, Bellamy y Castro (2019) publicaron los resultados de un estudio puntual del trato de los pacientes en Urgencias de un hospital de la Ciudad de México, desde la perspectiva de la "violencia institucional". Siguiendo la lectura del autoritarismo médico como modelo hegemónico, desarrollada por Castro desde hace varias décadas, señalan, en su caso de estudio, algunos elementos que participan en esta violencia institucional que se ejerce de manera acéfala e impune sobre los usuarios del servicio de Urgencias. No obstante, al margen de esta inercia burocrática que disipa las responsabilidades, debe considerarse la acción cotidiana de hombres y mujeres que laboran en las diferentes áreas de los hospitales. En efecto, a la par de la acción estructural sobre los usuarios, está la acción del personal que, según los casos, puede alimentar una relación escasa y distante con los pacientes, o bien mitigar empáticamente la angustia de los familiares de los enfermos.

Conviene agregar la existencia de una exigua literatura oficial en México, a menudo autocomplaciente, respecto del mejoramiento de la organización de los servicios de Urgencias en los hospitales públicos y la disminución concomitante del tiempo de espera de los enfermos (*cf.* Cap.1). En todo caso, la carencia de estudios sobre el tiempo de espera de los pacientes en Urgencias contrasta con la universalidad de esta experiencia vivida por sectores medios y bajos de la población. Como lo señala atinadamente Bourdieu:

> "La espera es una de las maneras privilegiadas de experimentar el poder, así como el vínculo entre el tiempo y el poder, y habría que inventariar, analizar, todas las conductas asociadas al ejercicio de un poder sobre el tiempo de los demás, tanto por parte del poderoso (dejar para más tarde, dar largas, dilatar, entretener, aplazar, retrasar, llegar tarde; o, a la inversa, precipitar, sorprender) como del 'paciente', como suele decirse en el universo médico, uno de los paradigmas de la espera ansiosa e impotente. La espera implica sumisión: propósito interesado de algo particularmente deseado, modifica de manera duradera, es decir, durante todo el tiempo que dura la expectativa, la conducta de quien, como

suele decirse, está pendiente de la decisión esperada." (Bourdieu, 1997: 308)

Hicimos nuestro este llamado a examinar la experiencia social del tiempo en el contexto de la atención a la salud. Asimismo, hemos decidido investigar el fenómeno del tiempo de espera en los hospitales públicos porque es una situación padecida por un gran número de personas y poco atendida desde las Ciencias Sociales en México.

Nos habíamos preguntado por qué siempre había mucha gente en la sala de espera de Urgencias en los hospitales públicos. Desconocíamos las razones por las cuales tanta gente estaba ahí, día y noche sin hacer nada más que esperar, cuando en los hospitales privados escasos son los familiares que esperan. Y al mismo tiempo nos dábamos cuenta de la precariedad de las condiciones de espera, parados, dentro o fuera de la sala de espera, bajo la intemperie. El escuchar quejas sobre la mala atención en los hospitales públicos nos convenció de la necesidad de analizar –e incidentemente reportar– este fenómeno con las herramientas intelectuales proporcionadas por las Ciencias Sociales.

Diseñamos una metodología de investigación que permitiera comprender los complejos mecanismos de la espera en Urgencias. Comenzamos por una completa revisión biblio y hemerográfica, así como por una extensa consulta de fuentes periodísticas y oficiales. Nos sorprendimos al constatar que existen pocos artículos periodísticos publicados sobre el fenómeno de la espera en Urgencias en México y ninguna investigación académica, lo cual contrasta paradójicamente con los abundantes comentarios de los derechohabientes en redes sociales, quienes, salvo algunas excepciones, se quejan fuertemente del tiempo de espera, de la falta de higiene y del maltrato del personal de salud.

Por otro lado, nos dimos a la tarea de elaborar un guion de preguntas (*cf.* Anexo) para sistematizar la información solicitada a los acompañantes y pacientes en Urgencias. La elección de este servicio se debe al hecho de que ahí los enfermos y heridos se presentan sin cita: por una urgencia (situación en la que no existe riesgo inminente de muerte, pero requiere asistencia médica rápida) o una emergencia (situación en la que se requiere una asistencia médica inmediata, porque la vida del paciente está en riesgo), y a pesar de estas circunstancias desafortunadas, ellos y sus familiares deben esperar. En otros términos, al acudir al servicio denominado "Urgencias", se convierten en pacientes, es decir, en sujetos en situación de espera.

Realizar un trabajo de observación etnográfica en un hospital presenta diversas dificultades. En primer lugar, la autorización para entrar en la sala de espera, sin estar enfermo ni ser acompañante, es ardua de obtener: en varios casos, los policías de la entrada o los responsables de nivel medio, nos exigían una autorización de la Delegación correspondiente, sin ser capaces de precisar el tipo de documento requerido. Salvo notorias excepciones, como el servicio de Urgencias del Hospital de la Raza, encontramos una fuerte resistencia del personal y de los responsables para permitirnos el acceso. Otra dificultad metodológica fue acercarnos al personal y a los policías. En un servicio de Urgencias, en el cual se recibe permanentemente enfermos graves, víctimas de accidentes y enfermos crónicos, el personal es a menudo poco accesible, incluso en momentos en los cuales no hay ingresos nuevos. El personal de salud solía suponer que se trataba de una auditoría encubierta, mientras que los acompañantes entrevistados pensaban con frecuencia que era un estudio ordenado por la dirección del Hospital. La tercera dificultad radica en la delicada situación que viven los acompañantes y los enfermos: frente a un problema de salud de cierta gravedad; están entre las manos de la institución pública y del personal. Emocional y económicamente afectados, los informantes navegan entre la incertidumbre y la desesperación. Sus respuestas oscilaron entre una simple apología de la institución, un mutismo desinteresado y la denuncia abierta –la lealtad, la salida y la voz–, como lo categorizó Hirschman (1977). En estas condiciones, hacer entrevistas requirió de mucho tacto y empatía. Finalmente, la cuarta y última dificultad metodológica remite a la naturaleza de la información recabada en las entrevistas. En efecto, lo que recolectamos fue el testimonio de acompañantes y enfermos; atestación que no pudimos comprobar, por lo que lo aceptamos *ipso ante* como información fidedigna. A estos testimonios se sumó nuestra observación etnográfica de las salas de espera de Urgencias y sus exteriores, lugares en los cuales se acudió varias veces, en diferentes horarios y días de la semana.

Además del trabajo de campo llevado a cabo por quien suscribe, en el Hospital Darío Fernández, del Instituto del Seguro y Servicios Sociales de los Trabajadores del Estado (ISSSTE), estudiantes voluntarios de la Licenciatura de Sociología se repartieron en 16 equipos para realizar una observación etnográfica y entrevistas a los usuarios de Urgencias de diferentes hospitales públicos de la

Ciudad de México.[5] La selección de dichas unidades médicas se hizo después de una primera visita exploratoria, así como por la proximidad de su domicilio y la factibilidad del trabajo. La zona de localización (sur, norte, oriente, poniente), el nivel de atención del hospital y la institución de pertenencia no fueron factores que determinaron la elección de las unidades médicas. Se logró entrevistar a 79 acompañantes, a cinco pacientes, un enfermero, una doctora, una vendedora de dulces ubicada fuera de Urgencias; a la Jefa de un Departamento de Atención y Orientación al Derechohabiente y al Director de un Hospital. Este trabajo de campo multi sitiado se llevó a cabo entre los meses de octubre de 2017 y febrero de 2020.

Las respuestas obtenidas a nuestras preguntas no fueron codificadas porque: una parte de ellas eran abiertas (se elaboró un guion para entrevistar al personal de las unidades médicas); notamos también variables grados de confianza por parte de los informantes, lo cual se verificó por la sinceridad y calidad de la información proporcionada. Asimismo, se seleccionaron los extractos de entrevista en los cuales la información fue más precisa y llamativa para

---

[5] Las catorce unidades médicas en las cuales se llevó a cabo un trabajo de observación etnográfica en Urgencias fueron: Instituto Nacional de Ciencias Médicas y Nutrición Salvador Zubirán; Hospital Centro Médico Nacional ISSSTE 20 de noviembre; Hospital General del ISSSTE General Dr. Darío Fernández Fierro; Hospital Regional 1ero de octubre ISSSTE; Hospital General Regional UMAA2 del IMSS; Hospital General del IMSS 2ª zona "Troncoso"; Clínica IMSS Núm.47; Hospital de Especialidades Belisario Domínguez; Hospital Dr. Manuel Gea González; Hospital General Regional Ignacio Zaragoza; Hospital General de Iztapalapa Juan Ramón de la Fuente; Hospital Xoco; Hospital General Rubén Leñero; Unidad Familiar Núm. 15 del IMSS.

documentar cada tópico analizado. El notable desequilibrio entre las quejas y las muestras de satisfacción respecto de la atención recibida en Urgencias, nos obligó a respetar la abrumada dominación de experiencias negativas, aunque procuramos no generalizar y dar a conocer opiniones favorables de los entrevistados cuando era oportuno hacerlo. En todo caso, creemos que los derechohabientes dicen la verdad cuando un gran número de ellos detallan lo que han padecido, ya sea en entrevista o en las redes sociales, porque hemos constatado *in situ* las deplorables condiciones de espera de los pacientes y familiares en Urgencias.

Cabe precisar que esta investigación no fue financiada por ningún organismo público o privado. La búsqueda de recursos nos hubiera consumido mucho tiempo cuando en realidad el fenómeno de la espera estaba (y sigue estando) a la vista en Urgencias; de hecho, la pandemia de Covid ha exhibido cierto número de disfuncionamientos de los hospitales públicos. Durante los dos años que duró la pandemia en México los hospitales públicos mostraron al conjunto de la población una grave deshumanización de la atención de los pacientes (Casas Patiño, 2021). Por otro lado, este trabajo de campo no implicaba la erogación de grandes sumas de dinero porque la masificación del fenómeno permite ver gente esperando en los servicios de Urgencias de todos los hospitales públicos de 2do y 3er nivel sin excepción. Todos los días del año, de día como de noche, hay familiares esperando. Además, es difícil encontrar alguien que no haya tenido una experiencia en Urgencias, ya sea como paciente o como familiar, por lo que fue relativamente fácil corroborar testimonios obtenidos *in situ* con opiniones de personas cercanas.

La participación voluntaria de estudiantes fue de gran ayuda para multiplicar los puntos de observación.

Aunado a lo anterior, la concentración de grandes bibliotecas académicas en la capital del país (biblioteca Daniel Cosío Villegas del Colegio de México, Biblioteca Central de la UNAM y Biblioteca Francisco Xavier Clavijero de la Universidad Iberoamericana), así como el acceso a bases de datos (JSTOR, Redalyc y Scielo) nos permitió realizar una exhaustiva revisión de las fuentes escritas.

1. LA EXPROPIACIÓN DEL TIEMPO

1.1. Tiempo y burocracia

La administración pública se caracteriza por su burocracia. La burocracia es la organización vertical de funcionarios al servicio del Estado cuya labor es realizar una función específica dentro de una cadena de acciones, como resultado de la división social del trabajo. En su célebre definición, Max Weber (2000: 5) dijo de ella: "Los principios de jerarquía de cargos y de diversos niveles de autoridad implican un sistema de sobre y subordinación férreamente organizada, donde los funcionarios superiores controlan a los funcionarios inferiores. (...) Un alto desarrollo del tipo burocrático lleva a una organización monocrática de la jerarquía de cargos."

El registro de los individuos, sus bienes y actividades moviliza generalmente a un gran número de funcionarios. La burocracia es una organización que tiene el monopolio de oficializar la existencia personal, afectiva y social de los individuos, así como sus estudios, sus recursos y sus pertenencias. El poder de la burocracia sobre una clientela cautiva (escolares, conductores, votantes, enfermos, etc.) descansa en el derecho exclusivo de otorgarle un número que los identifica personalmente y como parte de determinado grupo. Se trata de un ordenamiento de la individualidad. Nuestro nombre está asociado a una serie de códigos que remiten a nuestro expediente en las diferentes administraciones. Existimos numerados y demultiplicados. La gestión de los expedientes personales mediante su constante actualización requiere un esfuerzo colosal, ya que la validez limitada en el tiempo de la gran mayoría de los documentos oficiales obliga a los sujetos del Estado, es decir a los ciudadanos, a actualizarlos periódicamente. Precisamente, para renovar nuestra documentación oficial (pasaporte, licencia de manejo, credencial del INE, etc.) debemos dedicarle tiempo. El tener cita para entregar los comprobantes o recoger un documento en determinada oficina de la administración pública no anula la condición de la espera. Hay que programarse, trasladarse al lugar, formarse, esperar, y luego regresarnos a nuestro domicilio. Merced a la repetición de esta experiencia aprendemos que los comprobantes de domicilio y el acta de nacimiento tienen una validez de tres meses; la licencia de manejo, tres años; la credencial para votar, del Instituto Federal Electoral debe ser renovada cada diez años... Lo oficial perime o, mejor dicho, se enmarca dentro de una obsolescencia programada. Asimismo, la validez de un documento llega a desaparecer con el paso del tiempo: se convierte en un documento de archivo.

El tiempo interviene en los procesos burocráticos de dos maneras, mediante la existencia de una fecha de caducidad en los documentos que la misma administración pública recibe y emite, y también al adjudicarse un intervalo de tiempo (estimado, aleatorio y/o cambiante) para responder a las solicitudes. Esta doble intervención sobre el tiempo de los ciudadanos permite a la burocracia ejercer un poder omnímodo. Se trata de dos aspectos de la gestión administrativa que pocas veces son sistematizados y que forman parte de estos intersticios entre las instituciones y las personas. Los mismos funcionarios poseen cierto margen de maniobra para agilizar o retrasar los trámites, priorizando la gestión de una demanda o bien retrasándola[6]; arbitrariedad que puede ser también la manifestación de la corrupción (Sánchez González, 2012). Pero más allá del tratamiento discrecional de las solicitudes de servicio en la administración pública, lo que nos interesa examinar aquí son las condiciones de realización e implicaciones de este uso público del tiempo privado.

La expropiación del tiempo de los usuarios del servicio público es un fenómeno universal que consiste en obligarlos a dedicar tiempo para obtener determinado servicio, autorización o documento. Esta movilización del tiempo personal permite a la administración cultivar una relación clientelar para con los ciudadanos y, por ende, justificar su misma existencia. El costo de los trámites es otro aspecto de esta relación desigual entre la burocracia y los individuos. En todo caso existe una voluntad acéfala perenne de administrar la existencia de los sujetos del Estado. Ni la centralización de la administración iniciada con la reforma napoleónica ni el desarrollo contemporáneo del e-gobierno han aportado una solución definitiva a esta situación. Se ha cultivado una dependencia de los individuos para con la administración pública, desde el momento de nacer

---

[6] Al respecto de la priorización o retraso del tratamiento de los expedientes, las expresiones coloquiales son significativas porque manifiestan una determinada visión del proceso administrativo a partir de expectativas fundadas sobre la experiencia propia y ajena, sobre la normatividad vigente o la aseveración libre de un burócrata. Cuando uno se refiere a un expediente que está "bajo el codo" o "arriba de la pila" quiere decir que se le da un trato preferencial y que está "en buenas manos". A la inversa, se dice que una solicitud está "abajo de la pila", "empolvándose" o "congelada" cuando lleva un tiempo excesivo en una oficina de gobierno.

hasta el último día de vida con el otorgamiento del certificado de defunción y la gestión subsecuente de la herencia.

México, al igual que numerosos países, posee una burocracia imponente con un ejército de funcionarios estatales y federales, un número extremo de trámites de todo tipo y un tiempo aproximado de respuesta que para algunas controversias agrarias, por ejemplo, puede tomar varias décadas. En 2008 fue inaugurado el "Concurso del trámite más inútil", abierto a todos los ciudadanos que querían denunciar un proceso burocrático que no pudieron concluir, o bien, les hizo perder mucho tiempo. La ganadora del primer lugar fue una señora cuyo hijo debía recibir cada quince días gammaglobulina, lo cual representaba un calvario en el IMSS. Eran catorce las etapas que debía pasar para conseguirla. Recetas, autorizaciones, sellos, copias, resellos, vales y llamadas telefónicas para que finalmente le abastecieran del producto. Y cada mes tenía que hacer lo mismo, lo cual le significaba perder de cuatro a quince días laborales. (Es menester precisar que hubo una sola edición de este concurso).

De manera general, para obtener apoyos de programas sociales o recibir atención médica la gente tiene que esperar y, más aún, las personas de menores ingresos. La cantidad y complejidad de los trámites burocráticos movilizan a la ciudadanía durante un tiempo generalmente largo e incierto. El programa "Simplifica", de la Comisión Federal de Mejora y Regulación (COFEMER), reconocía las consecuencias económicas –más no sociales y emocionales– del tiempo de espera durante complejos y numerosos trámites: "cada trámite o servicio que gestionan las dependencias representa tiempo para los ciudadanos y empresarios, por lo que bajo el concepto general de que el tiempo es dinero, se monetiza dicho tiempo para así cuantificarlo como gasto para la sociedad" (COFEMER, 2014: 11). En este marco se creó en 2016 el "Premio para denunciar el obstáculo regulatorio más absurdo para emprender y competir", convocatoria abierta a quienes tenían una actividad empresarial. [7] (Se desconocen los resultados de la misma).

Este planteamiento daba pauta para calcular el tiempo perdido de los usuarios de la administración pública; tiempo que hubieran podido emplear para llevar a cabo actividades productivas. En ese sentido, las horas no trabajadas constituyen un déficit considerable en la producción de riqueza del país.[8] Estas horas no trabajadas pueden ser resultado de causas ajenas (problemas de transporte, delincuencia en el trayecto, clima extremo, días festivos y puentes), o bien, de causas imputables a la misma persona como una enfermedad, la desidia o la resaca. México ha sido, con creces, el país de la OCDE con más días económicos otorgados a causa de una enfermedad, con un promedio de 27.9 días/persona en el año 2016. Por su lado, el IMSS reportó que para el año 2019, se otorgaron un total de 79,903,857 días de incapacidad.[9]

La perspectiva economicista de la COFEMER sobre el análisis del tiempo de duración de los trámites no apuntaba hacia una revolución administrativa, como hubiera podido ser la construcción de un "gobierno digital" con la aplicación de las tecnologías de la información y comunicación (TIC) al funcionamiento

---

[7] https://www.cofece.mx/wp-content/uploads/2017/11/Memoria_obstaculo.pdf (consultado el 01/01/2021).
[8] http://www.imss.gob.mx/conoce-al-imss/memoria-estadistica-2019 (consultado el 18/09/2020).
[9] https://www.stats.oecd.org (consultado el 02/01/2021).

del sector público sino, más modestamente, daba elementos al Poder Ejecutivo para simplificar una serie de trámites enfocados particularmente al sector empresarial. Rebautizada como Comisión Nacional de Mejora Regulatoria (CONAMER), esta dependencia de la Secretaría de Economía contempla bajo el vocablo de "Regulación Social" las disposiciones legales que protegen, entre otros, la salud humana y evita afectar el bienestar de la población. Lo que nos interesa aquí no es la ausencia de resultados de esta Comisión ni tampoco la voluntad de proteger los intereses del mismo Estado a través de la Ley General de Mejora Regulatoria, sino el hecho de que este organismo omite por completo mencionar las causas del tiempo de espera de los usuarios de la administración.[10]

Precisamente, la administración pública está conformada por 5,869,114 funcionarios en 2019, según el INEGI, es decir, por cada cien mexicanos hay dos funcionarios.[11] Tan importante es la administración pública en la vida de las naciones que tiene al 23 de junio como día festivo. Los derechos ampliados de los funcionarios públicos, hasta cierto punto, suelen solapar una interpretación laxa del tiempo propio y ajeno. El contrato colectivo y los sindicatos de

---

[10] En el art.71-I de dicha Ley se plantea que cada propuesta regulatoria "busque evitar un daño inminente, o bien, atenuar o eliminar un daño existente a la salud o bienestar de la población...". Asimismo, esta formulación deja entender que el objeto del trámite no debe de perjudicar a los usuarios de la administración federal, pero no se menciona nada al respecto de la duración de estos trámites ni de los efectos negativos de esta tardanza.

[11] "¿Cuántas personas trabajan en la administración pública en 2020?", en *El Economista*, disponible en: https://www.eleconomista.com.mx/politica/Cuantas-personas-trabajan-en-la-administracion-publica-en-Mexico-20201020-0073.html (consultado el 01/01/2021).

trabajadores del sector público han edificado torres de impunidad alimentando el inmovilismo y la sub-productividad. Como consecuencia, la tardanza en la realización de numerosos trámites contribuye a detener las actividades de los usuarios y fomentar su dependencia para con la administración pública cuyos empleados se suelen abrogar, con o sin respaldo legal, la facultad de denegar servicios y asignar sanciones. Numerosos son los sectores del gobierno (en sus tres niveles, federal, estatal y local) en los cuales los ciudadanos son convertidos en rehenes de la burocracia. Según los ámbitos y las circunstancias, esta expropiación institucional del tiempo de los usuarios puede tener consecuencias duraderas tanto sobre la producción de riqueza del país como sobre la vida de las mujeres y los hombres. Asimismo, en lo que concierne específicamente al sector de la salud pública, la movilización inercial de los tiempos tiene serias implicaciones para los usuarios y, en menor medida, para sus acompañantes.

1.2. Tiempo y hospital

Lo mencionado anteriormente se aplica al sector de la salud. La atención a la salud tiene un componente de tiempo de crucial importancia. Por tratarse de un ámbito en el cual la vida de las personas puede estar en riesgo, la expropiación del tiempo de los usuarios tiene muy serias consecuencias.

Un primer elemento a tomar en cuenta son las dificultades para transportarse de los enfermos que viven lejos de las urbes y disponen de escasos recursos. En estas circunstancias, trasladarse hasta una unidad médica se vuelve un ejercicio tardado y susceptible de empeorar su estado de salud. Difícil es a menudo el traslado de los enfermos y sus acompañantes desde su domicilio hasta la unidad hospitalaria. Y no siempre es el hospital más próximo (pues éste puede estar cerrado, sin médicos ni laboratorio o insumos), sino la unidad en la cual serán recibidos y atendidos.[12] Pero si a esto se le agrega un contexto de emergencia sanitaria, las cosas se complican aún más. Los investigadores mexicanos Candia Calderón y Olivera Villarroel han mostrado que los problemas de la atención primaria a la salud en los municipios rezagados han crecido de manera exponencial con la pandemia de Covid.

> Para el caso de los municipios con nula capacidad especifica, se observa que en casos de demanda extraordinaria de servicios, o la necesidad de la intervención de un médico en alguna especialidad fuera de la medicina familiar, los pacientes requieren realizar desplazamientos de entre 3 a 10 km en el caso de las ciudades capitales y entre 1 a 12 horas en el caso de municipios alejados (2021: 224).

De manera general, la OCDE nos recuerda que: "Los tiempos de espera y las dificultades de transporte dificultan el acceso a servicios de salud en algunos países. (...) Los tiempos de espera son el resultado de una compleja interacción entre la demanda y la oferta de servicios de salud, en la que los médicos desempeñan un papel crítico en ambos lados" (OECD, 2020: 10; 116).

Para poder dimensionar el impacto de la distorsión de los tiempos (atrasados o adelantados) en el marco general de la atención a la salud, es necesario

---

[12] El tema específico del traslado de enfermos al área de Urgencias será tratado en el capítulo 2.1.

apoyarse en una información cuantitativa. Aunque los datos oficiales sobre la duración promedio de las consultas médicas en México no están disponibles en las estadísticas de la OCDE, no obstante sabemos que el tiempo promedio de hospitalización antes de la pandemia de Covid-19 era de 3.7 días en México; 18.5 en Corea y de 7.7 días para el promedio de las naciones que conforman esta organización (OCED, 2020: 197). Estos valores nos indica para el caso de México un tiempo de hospitalización postoperatorio *a priori* demasiado breve para poder supervisar eficazmente la recuperación de los pacientes. Esta situación preocupante se enmarca dentro de una inversión limitada en el sector de salud pública; hecho perenne, independiente del partido en el poder y del sexenio referido.

Cuadro 1. Datos sobre salud en México respecto del promedio de países de la OCDE, en 2018

	México	**OCDE**
Gasto en salud (porcentaje del PIB)	5.5	8.8
Gasto en salud *per cápita* (US $)	1138	3994
Número de doctores /1000ha	2.1	3.5
Número de enfermeras /1000ha	2.9	9
Número de camas hospitales /1000ha	1.4	4.7
Días promedio de hospitalización	3.7	7.7

Fuente: OECD (2020), BM [13]

Los datos presentados en el Cuadro 1 complementan útilmente el dato sobre los días promedio de hospitalización. Podemos apreciar la carencia de personal médico y enfermeras, lo cual se explica por los bajos salarios percibidos, la precariedad laboral y la no apertura de nuevas plazas. Aunado a lo anterior, la limitada inversión en salud pública en los últimos años y el incremento concomitante del volumen de la población (*Cf.* Gráfica 1), tienen como consecuencia la reducción del gasto en salud *per cápita*.

Grafica 1. Gasto público en salud y población total en México 2015-2020

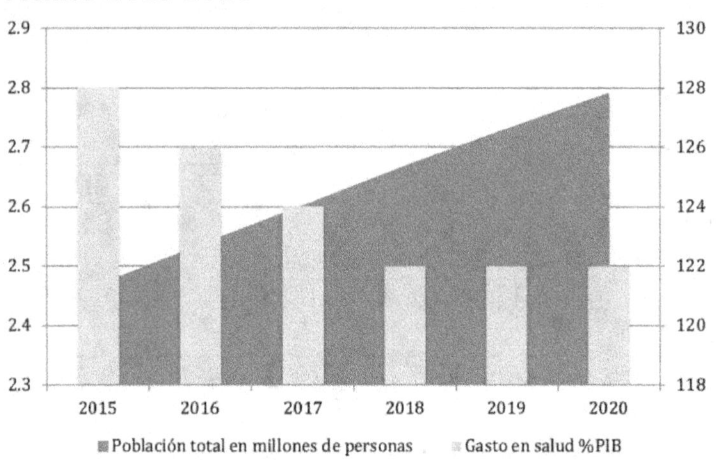

Fuente: Murillo Villanueva, Almonte (2020: 38)
con datos de Méndez y de la Conapo

Los datos arrojados por la Gráfica 1 muestran claramente una disminución proporcional del gasto en

---

[13] https://datos.bancomundial.org/tema/salud (consultado el 13/01/2021)

el sector salud respecto del volumen de la población. Esto explica en gran parte las carencias de todo tipo que laceran al sector público de salud, las cuales han contribuido a aumentar indirectamente el número de víctimas del coronavirus. [14] Sin lugar a dudas, la pandemia agudizó los problemas que conocía el sector público de la salud. Al respecto, Murillo Villanueva y Almonte (2020) señalan que los disfuncionamientos administrativos y financieros surgidos a raíz de la creación en 2019 del Instituto Nacional de Salud para el Bienestar (INSABI) se han agravado con la propagación de la COVID-19 en México, apenas tres meses después de la aparición de dicho instituto.

Cabe agregar que esta mortífera enfermedad infecciosa tuvo como consecuencia indirecta aumentar de manera notoria el "gasto de bolsillo"[15] de las y los mexicanos quienes invirtieron su tiempo y recursos para prevenir la Covid, realizar tests, pagar consultas médicas, eventualmente comprar medicinas y oxígeno, y más gastos para quienes han estado hospitalizados incluso en unidades de salud pública. Empero, conviene reconocer que las diferentes instituciones que

---

[14] A pesar de la perspectiva complaciente adoptada por investigadores del sistema de salud como, por ejemplo, Sánchez Herrera, Lugo Maldonado y Huerta Olvera (2020), éstos mismos reconocen bajo los vocablos de "retos", "desafíos" y "áreas de oportunidad", las numerosas y graves carencias del sistema de salud mexicano.

[15] La Organización para la Cooperación y el Desarrollo (OCDE) define al "gasto de bolsillo" como "los gastos realizados directamente por un paciente cuando ni el sistema público, ni un seguro privado cubren el costo total de un bien o servicio de salud. Incluyen los costos compartidos y otros gastos pagados directamente por los hogares y deberían idealmente incluir estimados de pagos informales a prestadores de servicios de salud." (OECD, 2020: 112)

conforman el sector público de la salud no operan en las mismas condiciones ni con el mismo presupuesto, lo cual implica un gasto de bolsillo variable por parte de los derechohabientes que solicitan ser atendidos por una u otra institución.

Ahora bien, el sector salud en México está conformado por varias instituciones relativamente independientes, cuyo presupuesto, número de derechohabientes y funcionamiento difieren notablemente.

Cuadro 2. Gastos *per cápita* por subsistema de salud entre 2010 y 2020

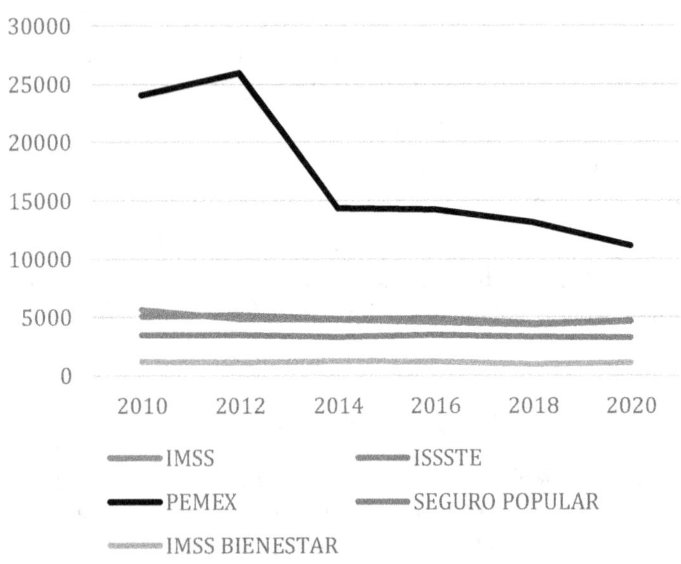

Pesos de 2020. Monto ejercido de 2010 a 2018. Cantidad aprobada para 2019. Cifras propuestas para 2020.

Fuente: Méndez Méndez (2019)

El Cuadro 2 muestra diferencias muy significativas respecto del gasto *per cápita* entre estas instituciones del sector salud: el IMSS Bienestar que atiende a la población de menores ingresos es el que menos recursos dispone, mientras que en 2020 Petróleos Mexicanos (PEMEX) habría gastado once veces más per cápita que el IMSS Bienestar. Esta situación se refleja, a nivel operativo, por grandes desigualdades en cuanto a la atención a la salud entre los subsistemas de dicho sector. [16] Podemos asegurar entonces que existen diferencias significativas en cuanto a la atención de los pacientes en los hospitales que conforman al sector público, siendo el de mejor fama el Hospital Naval Militar de la Ciudad de México (en el cual se atienden los presidentes de la República) y los de peor renombre los hospitales del Seguro Popular, ahora INSABI. (Para emitir una opinión certera al respecto habría que esperar la publicación de nuevos datos oficiales.)

Empero, lo que sí podemos aseverar es que las carencias generales que padece el sector público de la salud desde hace muchos años, aunadas a una repartición muy desigual del presupuesto entre los diferentes subsistemas, han contribuido a alimentar una atención desigual de los enfermos. Y dentro de este rubro de "atención a la salud" precisamente uno de los efectos de estas desigualdades se verifica en el manejo de los tiempos por parte de la institución y del personal que labora en el hospital.

Frente a esta situación por todos conocida, se han manifestado varias iniciativas para mejorar los tiempos de atención. Hay un estudio sobre el tiempo de espera realizado con 67 derechohabientes de la Delegación de Tlaxcala del IMSS al inicio del presente siglo. Los médicos responsables de dicha investigación

---

[16] Varios de nuestros entrevistados compararon la atención en Urgencias en hospitales del seguro popular y del IMSS, destacando de manera unánime un mejor servicio en esta última institución.

descubrieron que los motivos de insatisfacción de los pensionados eran el tiempo de espera prolongado (34%), la mala atención por parte del médico (28.3%) y los excesivos trámites burocráticos (19.4%).

"En relación con la expectativa del usuario sobre considerar el tiempo ideal para recibir la atención mayor a 30 minutos, efectivamente se cumple su deseo: la recibe con demora. Es probable que los usuarios del IMSS, cuyo perfil sociodemográfico incluye un bajo nivel educativo, tengan una expectativa limitada y que el servicio brindado bajo el modelo médico hegemónico de superioridad y autoridad origine que los usuarios se conformen con lo brindado por la institución..." (Maldonado *et al.*, 2001: 427).

Esta conclusión pudo haber legitimado una transformación puntual del sistema de consultas externas de los derechohabientes del IMSS, centrándose en el implemento de citas por teléfono e internet. Otro equipo de médicos comprobó la efectividad de dicho sistema para reducir el tiempo de espera en la consulta externa del Instituto Nacional de Pediatría (Rodríguez Weber, López Candiani Mass, 2005). Las características particulares del servicio de Urgencias donde acuden enfermos de día y noche, los 365 días del año, obligaron a las autoridades sanitarias a buscar otras medidas para mejorar la atención, dado las numerosas y reiterativas quejas.

A partir de 2009 ha estado operando el Programa de Avales Ciudadanos, conformado por voluntarios y organizaciones no gubernamentales, quienes se encargan de "avalar las acciones de las instituciones del sector Salud" para que éstas obtengan "la confianza de la sociedad civil en cuanto a la calidad de los servicios de salud que se brindan". [17] Este mecanismo de participación ciudadana para evaluar la percepción de los usuarios presenta resultados anuales que, en su conjunto, tienden en enaltecer las virtudes de dicho programa. [18] Se trata de una iniciativa gubernamental que, lejos de atacar de raíz los malos tratos dados a los pacientes en los hospitales públicos, aplaude la acción gubernamental en materia de salud y minimiza las carencias y los problemas más graves. En sus últimos resultados, se afirma que la acción de los avales ciudadanos ha permitido mejorar el tiempo de espera y la atención de los pacientes, sin dar mayores detalles. [19] De hecho, un aspecto importante de esta acción paraestatal es la difusión, por parte de los avales ciudadanos, de las obligaciones que contraen los pacientes al ser atendidos en instituciones de salud pública. Lo interesante del caso es que este programa ha perdurado hasta la actualidad, lo que significa que ha sobrevivido a tres sexenios y otros tantos partidos políticos en el Poder federal.

En el documento del Instituto Nacional de Salud Pública (INSP) titulado "Tiempos de espera y productividad en rastreadores clínicos seleccionados en hospitales del sector público", podemos leer que: "En México existen evidencias de que una de las principales causas de insatisfacción con los servicios de salud es la

---

[17] http://www.calidad.salud.gob.mx/site/calidad/dmp-ac_01.html (consultado el: 19/04/2018). Es menester indicar que esta página Internet de la Dirección General de Calidad y Educación en Salud de la SSA no está actualizada (los datos son del año 2013) y no todas las opciones son funcionales.
[18] http://www.calidad.salud.gob.mx/site/calidad/aval_ciudadano_resultados.html (consultado el: 14/05/2021).
[19] http://www.calidad.salud.gob.mx/site/calidad/docs/aval_resultados_2018-2019.pdf (consultado el: 15/05/2021).

espera prolongada para recibir atención médica" (INSP, 2001: 6). Profundizando su reflexión sobre este importante tema, los autores mencionan con acierto que:

> "La espera para acceder a la atención de la salud puede abarcar distintos ámbitos: espera para recibir atención ambulatoria, espera para recibir atención hospitalaria, espera para someterse a estudios diagnósticos y espera para recibir procedimientos terapéuticos, quirúrgicos o de rehabilitación. Por lo tanto, un paciente que requiere atención médica puede circular por varias listas de espera hasta recibir un procedimiento clínico que tenga un impacto sustantivo en su estado de salud." (INSP, 2011: 11).

En marzo de 2015, el director del Instituto Mexicano del Seguro Social (IMSS) anunció que se implementaría una nueva clasificación de los pacientes que llegan a Urgencias, llamado *Triage*, "lo cual iba a disminuir 40 por ciento las cirugías pendientes y reducir la espera a 5 minutos".[20] Operando a nivel internacional desde hace varios años, pero adaptado a las necesidades específicas de cada país, el sistema *Triage* es el método que mejores resultados ha dado respecto de la clasificación rápida y efectiva de los

---

[20]Valadez Blanca, (2016), "El IMSS reducirá la espera en urgencias a 5 minutos", en *Milenio*, 09.03.2016. Disponible en: http://www.milenio.com/cultura/IMSS_reducira_tiempo_de_espe ra-urgencias-
atenderan_urgencias_en_cinco_minutos_0_697730254.html (consultado el 04/10/2017).

heridos y enfermos graves (Illescas Fernández, 2006). Se trata a la vez de priorizar de forma eficaz y racional los pacientes, así como de controlar la afluencia de personas cuyo estado de salud no justifica ser atendidas en Urgencias (Flores González, *et al.* 2020). Asimismo, la introducción de dicho procedimiento a nivel nacional implicó una reorganización de los servicios de Urgencias (es el médico más calificado y experimentado quien debía estar a cargo de la selección de los pacientes, por ejemplo) y el inicio de una campaña de información de los derechohabientes. Todavía en 2015, la SSA publicó un documento titulado "Servicios de Urgencias que Mejoran la Atención y Resolución" (SUMAR), en el cual se explicitaron los principios de funcionamiento y las virtudes de la selección de las Urgencias. [21] Se establecen tres categorías, con su respectivo tiempo de espera: I. Emergencia, menos de 10 min; II. Urgencia, de 30 a 60 min; III. No clasificada, menor de 2 horas. Además de este *Triage* general, se detalla el *Triage* de las urgencias obstétricas en tres colores: rojo, amarillo y verde.

Lo llamativo de esta iniciativa gubernamental, es que las cifras oficiales publicadas por el IMSS muestran una disminución drástica del tiempo de espera de los enfermos a partir de 2015 como puede apreciarse en la Gráfica I.10.

---

[21] SSA. (2015), *Servicios de Urgencias que mejoran la Atención y Resolución (SUMAR).* Disponible en: http://calidad.salud.gob.mx/site/mail/2015/01/doc/02_H.pdf (consultado el 17/10/2017).

[v] Información al 12 de junio de 2019
Fuente: IMSS.

Aparecido un año después, el Programa de Calidad en la Atención Médica (PROCAM)[22], operado por la Dirección General de Calidad y Educación en Salud de la SSA, incluye el Sistema INDICAS que proporciona información de manera cuatrimestral sobre la calidad de la atención médica. Esta información es producida por los mismos hospitales, sobre la base de un modelo universal de encuesta. Dos indicadores son relevantes para el presente estudio: el "Trato digno en Urgencias" y la "Organización de los Servicios de Urgencias".

---

[22] Publicado en Diario Oficial de la Federación (DOF) el 30 de diciembre del 2016.

Cuadro 4. Trato digno en 2do nivel de Urgencias, en hospitales de la Ciudad de México, 2017

Institución	Cuatrimestre 1	Cuatrimestre 2	Cuatrimestre 3
SSA	91.9	92.5	92.7
ISSSTE	88.2	89.1	93.7
IMSS	n.c.	n.c.	n.c.

Fuente: DGCyE de la SSA
http://dgces.salud.gob.mx/INDICASII/consulta.php

Cuadro 5. Organización de los servicios de Urgencias, en hospitales de la Ciudad de México, 2017

Institución	Cuatrimestre 1	Cuatrimestre 2	Cuatrimestre 3
SSA	35.9	34.5	35.4
ISSSTE	34.7	33.7	25.2
IMSS	n.c.	n.c.	n.c.

Fuente: DGCyE de la SSA
http://dgces.salud.gob.mx/INDICASII/consulta.php

Los resultados arrojados por el sistema INDICAS muestran la ausencia notoria de datos por parte de las unidades médicas de 2do nivel del IMSS localizadas en la Ciudad de México. Ahora bien, la tasa de satisfacción respecto del trato recibido en Urgencias oscila entre 88.2 y 93.7 por ciento, la cual es muy elevada. Es de notar que no hay diferencias significativas para los dos indicadores seleccionados entre el servicio de Urgencias de las unidades médicas de la SSA y del ISSSTE. No obstante, cabe recalcar que cerca de una tercera parte de los derechohabientes entrevistados por el personal de los hospitales dijo estar satisfecha con la organización de los servicios de Urgencias; las cifras variaron de 25.2 a 35.9 por ciento. Aparentemente, los usuarios encuestados habrían manifestado en su inmensa mayoría haber recibido un trato digno en servicios de Urgencias relativamente desorganizados. Debido a la ausencia de información disponible sobre la metodología empleada para aplicar esta encuesta y las condiciones prácticas de realización de la misma, nos es imposible sacar más conclusiones al respecto.[23]

Ahora bien, la Encuesta Nacional de Salud y Nutrición (ENSANUT) de 2016 expone que el tiempo de espera para recibir consulta era de una mediana de 30 minutos y un promedio de 71 minutos, lo cual muestra un incremento en relación con 2012 (mediana de 12 minutos y promedio de 58 minutos), pero los autores de dicha encuesta afirman que este comportamiento se debe a que existe un mayor acceso a los servicios de salud (*sic*) (Ensanut, 2016: 131). En los resultados de Ensanut 2018-2019, se analizaron el tiempo de espera ya no de "personas con diagnóstico previo de diabetes, hipertensión y/o disilipidemia" sino de quienes "recibieron servicios médicos curativos ambulatorios"

---

[23] Investigadores estudiaron detalladamente la metodología de INDICAS y concluyeron que la falta de fiabilidad y confiabilidad de dicho sistema implementado por la Secretaría de Salud hacían imposible medir ocho indicadores por ellos seleccionados (Saturno Hernández *et al.*, 2017). En respuesta a estas demoledoras conclusiones, el Director General de Calidad y Educación de la SSA inició una polémica en la misma revista Salud Pública de México, en su vol. 59, núm. 6. Los autores del artículo citaron artículos nacionales e internacionales que criticaban también la falta de evidencias respecto a los datos recolectados y el uso de una metodología no verificada.
Cabe recalcar tres problemas recurrentes en la producción de datos oficiales, los cuales se han verificado en el sistema INDICAS: (1) la falta de control respecto a la generación de datos; (2) el cambio intempestivo de metodología para producir datos más acordes a la política de gobierno, y (3) la falta de continuidad en la producción de datos con los cambios sexenales del poder federal.

(Ensanut, 2020: 60), lo cual invalida toda tentativa de comparación en el tiempo.[24]

Otra fuente oficial de información es la Comisión Nacional de Arbitraje Médico (CONAMED), órgano desconcentrado de la Secretaría de Salud que publicó el número de quejas concluidas por tipo de asunto. De igual forma que en la Ensanut, la Conamed se ha esforzado por presentar cifras alentadoras a partir de 2019 (Cuadro 6), aunque dejó de lado, de forma deliberada, el número total de quejas, así como el número de quejas no concluidas.

Cuadro 6. Motivos mencionados en la presentación de quejas concluidas respecto de un uso perjudicial del tiempo en el sector público, entre 2017 y 2020

Motivo	2017	2018	2019	2020
Demora prolongada para recibir atención. Deficiencias administrativas	605	329	57	7
Diferimiento. Auxiliares de diagnóstico	177	108	81	15
Diferimiento. Atención del parto y puerperio	42	21	8	1
Diferimiento. Diagnóstico	695	483	330	151

[24] Es posible aseverar que este cambio de metodología contribuye a ocultar el incremento del tiempo de espera de los pacientes atendidos en las unidades médicas del servicio público, y, por ende, a negar la universalidad de dicha situación y sus consecuencias adversas para los enfermos.

Negación del servicio. Deficiencias administrativas	71	38	2	0
Negación del servicio. Tratamiento médico	94	59	50	32
Resultados inoportunos	324	143	50	14
Alta prematura del tratamiento médico	179	87	23	1
Alta prematura del tratamiento de los cuidados pos-operatorios	24	15	5	2
TOTAL	2,211	1,283	606	223

Fuente: CONAMED, Estadísticas

De los nueve motivos seleccionados, siete conciernen a la dilatación del tiempo en el proceso de atención, y otros dos se refieren al acortamiento del tiempo de recuperación del paciente. Estas cifras parciales, presumiblemente ajustadas a imperativos administrativos políticos, deben ser complementadas por los casos trágicos de mala o nula atención reportados por periodistas, aunados a las quejas interpuestas por usuarios de los hospitales a las cuales no se ha dado seguimiento.

1.3 El tiempo sacrificado

La espera en Urgencias parece ser un imperativo. Esta espera es un constructo institucional, antes de ser el producto de contingencias desfavorables. El hecho de que exista una "Sala de espera" en Urgencias, la implementación del sistema *Triage* con la asignación de colores en función de la gravedad del estado del paciente y el tiempo estimado de espera, así como la exigencia, en los hospitales públicos, de la presencia física de un familiar las 24 horas del día en la sala de espera, son manifestaciones probatorias de dicho constructo. En comparación, las salas de espera de los hospitales privados no están saturadas porque la atención es casi inmediata y también porque se establece una comunicación posterior con los familiares por teléfono. No se exige de ellos su presencia continua de día y de noche y, por su lado, ellos confían en que el personal de salud de la institución privada dará un trato adecuado a su familiar. Frente a esto, los acompañantes, afiliados al sistema público de salud, manifiestan no querer "abandonar" a su paciente en manos de enfermeras y doctores, por lo que de manera voluntaria asumen la responsabilidad de esperar el tiempo necesario en Urgencias. En su gran mayoría desconfían de la calidad de la atención a la salud. Esperar entonces, es un fenómeno propiciado por los hospitales del sector público y el personal médico que ahí labora. "Sí, nos hacen dar vueltas, nos confió Miguel Ángel en entrevista afuera del Hospital Regional 2 del IMSS; es en todos lados. Esto ya es general."[25]

---

[25] Entrevista directa con Miguel Ángel, afuera de Urgencias del Hospital Regional 2 del IMSS, 25/01/2020.

2. LA PEREGRINACIÓN

El tiempo enseña al que no tiene maestro.
Refrán popular

Fue Erving Goffman el primero en conceptualizar la sucesión de experiencias terapéuticas por parte de los enfermos. Vio en aquellas la fuente de un corpus de saberes acumulados en el transcurso del tiempo. Cabe recordar que "La carrera moral del paciente mental" es un capítulo de su obra *Internados*, en la cual el sociólogo desarrolla un análisis que permite explicar simultáneamente los aspectos subjetivos de la trayectoria médico-terapéutica de alguien, así como la dimensión objetivada de esta misma experiencia consignada en los expedientes clínicos. Punto medular de su reflexión, Goffman quería poder relacionar las representaciones de lo vivido por los enfermos durante su tratamiento, con la codificación institucional de estas mismas terapias. Justificó el empleo del término "carrera" porque en los Estados Unidos, cuando escribía su libro, *carreer* llegaba a designar "la trayectoria social recorrida por cualquier persona en el curso de su vida" (Goffman, 2001: 133). Esta ampliación del significado semántico del vocablo permitía construir un puente entre la autobiografía y el expediente clínico.

> "Una de las ventajas del concepto de carrera consiste en su ambivalencia: por un lado, se relaciona con asuntos subjetivos tan íntimos y preciosos como la imagen del yo, y el sentimiento de identidad; por el otro, se refiere a una posición formal, a relaciones jurídicas y a un estilo de vida, y forma parte de un complejo institucional accesible al público.

> Gracias al concepto de carrera podemos, pues, oscilar a voluntad entre lo personal y lo público, entre el yo y su sociedad significativa, sin necesidad de ceñirnos, como única fuente posible de datos, a lo que la persona dice pensar que imagina ser." (Goffman, 2001: 133)

La búsqueda perpetúa de la salud por parte de enfermos mentales ha sido el marco de referencia del teórico de la interacción social. Goffman había notado que estos pacientes casi nunca sanaban del todo, por lo que mantenían una relación fluctuante con las instituciones de salud a lo largo de su vida. En la actualidad, esta experiencia acumulativa al margen del ámbito educativo y profesional es designada por algunos antropólogos como la "carrera del paciente". Pueden citarse a Larrahonda (2016), quien siguió los pasos de Goffman al examinar la "carrera de enfermos mentales"; las investigaciones de García, Recoder y Margulies (2017), quienes estudiaron la "carrera del paciente en hospital público", en una unidad médica del Gran Buenos Aires; así como Bellamy y Castro (2019) que hicieron mención en su artículo de la carrera del paciente que se presenta a Urgencias. Por su parte, Barragán Solís (2005) estudió la carrera de tres enfermos de la etnia triqui, ofreciendo una reflexión interesante sobre las variantes del concepto de la "carrera del paciente".

> "Las formas en que los grupos sociales utilizan los diversos recursos de atención para resolver o atenuar el problema del dolor, se reconstruyen a partir del concepto de carrera moral del paciente de Irving Goffman y que en antropología médica se conceptualiza como "carrera del enfermo", "carrera curativa" o

"trayectoria de atención", es decir, la sucesión encadenada de hechos prácticos encaminados a la terapéutica para encarar la enfermedad. Estas estrategias buscan la curación o el alivio parcial de la enfermedad utilizando diversas estructuras de atención, que no son excluyentes, sino que reflejan la combinación de unas y otras, estén ellas conformadas en el modelo médico hegemónico, en el modelo médico alternativo o con la práctica de autoatención." (Barragán Solís, 2005: 62)

Esta situación es común en el caso de personas padeciendo enfermedades crónicas y pacientes que han sido mal atendidos o no han tomado su tratamiento al pie de la letra y han recaído. Al no encontrar la sanación después de su tratamiento terapéutico, buscan "otra opinión" cuando piensan que el médico no los diagnosticó bien y, en otros casos, buscan lo que llaman una "mejor opción", es decir, una institución especializada con un cuerpo de profesionistas dedicados a tratar patologías específicas. Esta búsqueda de la salud es guiada por el capital social y económico de los enfermos. Estos mismos enfermos suelen acudir a Urgencias cuando su médico no los puede recibir porque es de noche o fin de semana, o bien, por sentir un dolor/malestar tan fuerte que exige una atención médica inmediata. Al respecto, una joven entrevistada nos confió: "No, están pésimos... Tenemos un médico familiar que es particular y preferimos llevarla [su abuela enferma] con él. Ahorita, lamentablemente, no está, y tuvimos que acudir aquí al Seguro..."[26]

---

[26] Entrevista directa con Cristina, 27 años, afuera del Hospital General 1-a del IMSS 8"Hospital de los venados"), 01/02/2020.

Es también la situación de personas diabéticas quienes han logrado controlar su nivel de insulina en la sangre hasta que un día sienten de repente un empeoramiento de su estado que las obliga a solicitar una atención médica urgente. En el sector público de la salud no se atienden en Urgencias a todos los que se presentan.

A diferencia de un hospital psiquiátrico, en el cual todos los internos tienen un historial clínico que hacen de cada uno de ellos un miembro por completo de la comunidad de pacientes, el servicio de Urgencias de un Hospital recibe, en principio, individuos con todo tipo de traumatismos o patologías que pueden llegar a poner en peligro su vida. Lo que tienen en común los pacientes que acuden a Urgencias es la gravedad de sus síntomas, mas no el tipo de problemas de salud. A raíz de la intervención médica, se suele recomendar a los derechohabientes dar seguimiento a su situación en consulta externa porque en Urgencias se recibe, casi exclusivamente, a nuevos pacientes. Estabilizar un enfermo, restablecer el funcionamiento normal de su organismo o reparar el traumatismo que sufre, son intervenciones médicas circunstanciales que, en principios, desembocan en un alivio inmediato. La fase posterior se lleva a cabo internado en un servicio especializado del hospital (lo que la gente conoce como "subir a piso"), o bien, en la casa del paciente. Asimismo, existen diferencias notorias entre la trayectoria de un enfermo mental y la de un paciente de Urgencias. Si bien para el primero es posible, como lo hizo Goffman, hablar de su "carrera moral", en el segundo es mucho más difícil hacerlo debido a las características propias del servicio de Urgencias. Los casos de quienes se hayan presentado dos veces o más en un mismo servicio de Urgencias existen, claro está, pero son excepciones porque el mismo personal médico insta a estos enfermos a presentarse en consulta externa. Pueden hasta rechazar atenderlos, o bien, no darles la misma importancia que a otros enfermos, culpándolos de la aparición repetida de sus síntomas o de la agravación de su estado. Se da por entendido (*taken for granted*) que la atención en Urgencias es una y única; responde a una situación puntual de excepcional gravedad; una persona, un tipo de patología, una sola consulta.

Asimismo, no se retomará en la presente investigación el concepto de "carrera del enfermo" porque, tal como se mencionó en los párrafos anteriores, nadie se habitúa a ir a Urgencias. Salvo unas cuantas excepciones quizás, nadie es un "paciente" registrado y conocido de Urgencias porque pocos son quienes acuden ahí al primer problema de salud que se le presenta. Es más, nadie es (bien) recibido en este servicio si el personal médico averigua que se ha presentado anteriormente con los mismos síntomas. Asimismo, más que una "carrera" puntuada por etapas en diferentes instituciones de salud, quienes acuden a Urgencias en hospitales públicos acumulan una serie de obstáculos previos a su atención. Se trata generalmente de un proceso tortuoso y desgastante, como lo veremos a continuación. Son esas dificultades logísticas para ser atendidos por un problema grave las que caracterizan en realidad a quienes buscan tener acceso a la salud.

Respecto de este recorrido ambulatorio que antecede a la atención médica, varias personas entrevistadas se han referido a él como una "peregrinación". Los rechazos sucesivos externados por los policías de entrada de diferentes unidades médicas, quienes deciden de manera arbitraria a quién admitir y a quién no, obligan a los enfermos y a sus familiares ir de un hospital público al otro para probar su suerte con la desesperación de encontrar solución a su problema de salud. El uso del término "peregrinación", perteneciente al léxico religioso, da cuenta de las dificultades múltiples para aliviar los dolores de su enfermo y salvarlo. Al sufrimiento que el enfermo padece en su carne, se suman las vejaciones de los guardias con su frecuente negación del acceso a la salud. Conforme más pasa el tiempo en esta búsqueda de un servicio de Urgencias –los hospitales están dispersos en la Ciudad de México–, más probabilidad hay de que se agrave el estado de salud del enfermo o herido. Familiares y pacientes asimilan frecuentemente este tedioso recorrido a un *via crucis*. Las diferentes etapas del camino de Jesucristo hasta el monte Gólgota para ser crucificado, indican lo inhumano de la prueba por la que tuvo que pasar aun siendo inocente de los crímenes que se le acusaban. Esta identificación con el Hijo de Dios en el discurso de varios entrevistados – particularmente respecto de los sufrimientos que lo llevaron a la muerte–, muestra cómo viven lo injusto del castigo que les es impuesto por los guardianes del orden y, detrás de ellos, la Secretaría de Salud y el mismo Estado. En su gran mayoría, los familiares no tienen los recursos verbales ni legales para hacer frente a estos rechazos sucesivos. Su capital económico no les permite ser atendidos en un hospital privado. Tampoco pueden penetrar a la fuerza en una sala de espera en Urgencias. De cierta manera estos rechazos constituyen una forma de castigo cuando la enfermedad o las lesiones han castigado ya a su familiar. Se redobla el castigo una y otra vez. A cada rechazo, a cada negación de la atención a la salud, se deteriora el cuerpo de su enfermo. Asimismo, el uso del término "peregrinación" no es anodino por parte de nuestros informantes, pues indica claramente el tipo de situaciones adversas que viven; incluso, algunos de ellos al final no logran ser atendidos, por lo que no les queda otra opción que regresar a su casa.

2.1 El traslado

Por traslado designamos el desplazamiento del enfermo(a) grave al servicio de Urgencias de un hospital porque, a través de las entrevistas y de la información de segunda mano recolectadas, hemos constatado que dicho traslado es muy a menudo errático, largo y complicado, con consecuencias adversas para el enfermo. Realizar el trayecto de su domicilio –o del lugar del accidente– hasta una unidad médica constituye la primera etapa del largo proceso de atención a la salud. Esta movilidad inicial no es tan irrelevante como parece porque atañe al tiempo y recursos del enfermo. Como es fácil entender, entre más corto es el tiempo de traslado mayor es la posibilidad de que la persona sea atendida de manera inmediata cuando, recordémoslo, hablamos de una emergencia. En algunos casos, el tiempo alargado de traslado debido a las dificultades para encontrar un vehículo y también el tránsito pesado suelen agravar el estado de salud del enfermo o accidentado, incluso quedar inválido o morir. Por eso, esta etapa inicial que puede calificarse como deambulo funesto es determinante.

Cuando hablamos de una urgencia, y *a fortiori* de una emergencia, pensamos en una ambulancia. Pero lograr obtener este auxilio del ISSSTE o del IMSS para trasladar a un enfermo grave conlleva un proceso burocrático tardado e incierto.

"... llamamos anteriormente a la ambulancia. Pero lo valoran y para ellos no es un enfermo de urgencia, no te lo trasladan, no lo trasladan. Nosotros tenemos ISSSTE, pero en el ISSSTE no se lo quisieron llevar. Fuimos al ISSSTE a solicitar el apoyo y la ambulancia no lo quisieron traer. Entonces lo que hicimos fue traerlo en un carro particular y meterlo aquí para que ahí le dieran el seguimiento y lo atendieron bien, pero, pues, ya ahorita no hay nada que hacer..."[27]

Es fácil entender la desesperación de familiares cuando, en una situación de excepcional gravedad, se enfrentan a una administración kafkiana, procedimientos ilógicos y a un personal que no manifieste empatía alguna.

"En ese hospital [de Iztapalapa] no había ambulancias. Cuando yo vi tres ambulancias paradas y le pregunté a un médico, y me dijo que no podíamos utilizar la ambulancia '¿Por qué?' Para poder utilizar la ambulancia en un traslado, él tenía que permanecer todo un día y mi hermano llego a ese hospital como a las 10 de la mañana. Pero mi hermano no podía esperar porque si no, iba a perder los dedos, el movimiento de los dedos. Lo tuvimos que traer nosotros. Hicimos como unos... una hora más o menos porque estaba a vuelta de rueda todo Periférico."[28]

---

[27] Entrevista directa con el Sr Jacobo, 52 años, afuera del Hospital General 1-a del IMSS ("Hospital de los venados"), 01/02/2020.
[28] Entrevista directa con Rocío, 60 años aproximadamente, hermano internado en el Hospital General de la Raza, 18/11/2017.

De igual forma, llamar al número de emergencia 911 para pedir una ambulancia no garantiza la llegada de la misma. Hemos escuchado testimonios de quienes solicitaron una ambulancia en este número y, a pesar de la promesa del operador, nunca llegó. Otros nos refirieron casos en los cuales paramédicos acudieron al lugar donde se encontraba la persona inválida, pero no quisieron llevársela porque vivía aparentemente en la calle, estaba mal vestida u olía a alcohol. (Y la razón detrás de su rechazo es probablemente la ausencia de garantía de ser pagados una vez llegados al hospital.)

En mayo del 2020, las autoridades federales anunciaron la implementación del Modelo de Atención Solidario para pacientes Covid-19 para que después de una valoración médica por teléfono, una ambulancia del IMSS atendiera los casos de urgencia. En los siguientes meses, la explosión del número de personas con presunto coronavirus limitó los alcances de este modelo y dio pie a que se multiplicaran las ambulancias no registradas, llamadas "piratas".

En la Ciudad de México hay en promedio más de 400 emergencias diarias con traslados en ambulancias; el 10 por ciento es atendido por ambulancias ilegales. Con las frecuencias policiacas intervenidas, obtienen información sobre emergencias para lanzarse en una carrera desenfrenada con las ambulancias de las empresas registradas y de la Cruz Roja, con el fin de llevarse primero al enfermo o herido. Cobran entre 170 y 350 dólares el traslado, presionando a los familiares al exagerar el deterioro del estado de salud del paciente que mantienen como rehén dentro de la unidad hasta recibir el dinero en efectivo.[29]

---

29 Infobae "La estafa de COVID-19 en México: las ambulancias piratas que se aprovechan de las llamadas de emergencia al 911",

Paramédicos no acreditados pueden incluso llegar a agredir a los camilleros de la Cruz Roja por haberles ganado el traslado de una víctima de accidente vial, por ejemplo. En este mundo caótico de los operadores de ambulancias, los mismos conductores de las ambulancias registradas trabajan en contubernio con la Cruz Roja y hospitales privados para llevarles pacientes.[30] Esta situación existía antes de la pandemia debido al número insuficiente de unidades disponibles, al igual que el soborno de las autoridades gubernamentales y responsables de los hospitales, pero el crecimiento exponencial de llamadas de emergencia por la Covid-19 acrecentó el mercado de los traslados ilegales de pacientes. Y el problema no solo es la falta de control, la corrupción y una demanda de los servicios de traslado superior a la oferta, sino que los accidentes viales que involucran ambulancias han ido en aumento en los últimos años.[31] Asimismo, el hecho de que el traslado en ambulancia no esté seguro, y el enfermo no siempre asegurado, agregan una dificultad adicional para quienes deciden y pueden usar este tipo de transporte especializado.

17/09/2020. Disponible en: https://www.infobae.com/america/mexico/2020/09/18/la-estafa-de-covid-19-en-mexico-las-ambulancias-piratas-que-se-aprovechan-de-las-llamadas-de-emergencia-al-911/ (consultado el 13/10/2020)

[30] Estando en la entrada de Urgencias del hospital de la Cruz Roja ubicado en la colonia de Polanco de la Ciudad de México, nos fuimos enterando de que los socorristas de las ambulancias recibían 150 pesos por cada paciente llevado a dicha institución. Trabajo de campo, 13/11/2017

[31] López-Dóriga Digital, "Aumentan accidentes de ambulancias en México", el 22/11/2019. Disponible en: https://lopezdoriga.com/nacional/aumentan-accidentes-de-ambulancias-en-mexico/(consultado el 25/05/21)

La gran mayoría de los entrevistados dijo haber llevado a su enfermo en un coche particular. Con este medio disponible de inmediato no tenían que esperar el arribo de la ambulancia ni arriesgarse a ser víctimas de una estafa por parte de dudosos paramédicos. Ganarían tiempo y ahorrarían dinero. Adicionalmente, su paciente tenía garantizado un manejo cuidadoso y rápido al mismo tiempo que una atención de calidad dentro del carro. Los familiares involucrados en situaciones de urgencia médica suelen caracterizarse por su atención, disponibilidad y solidaridad. La buena voluntad de sus parientes ha resultado ser mejor para el bienestar del enfermo que, eventualmente, utilizar una ambulancia o transporte público. Algunos informantes nos comentaron que fuera de algunos hospitales públicos de la Ciudad de México hay mucho tráfico y que los franeleros controlan, en total ilegalidad, los lugares para estacionarse. Incluso adaptaron su cobro a los horarios del cambio de turno del personal del hospital. Esta situación representa un problema para las familias de escasos recursos quienes, con mucho esfuerzo, llevan su enfermo a Urgencias.

Algunos pocos nos han comentado en entrevista que han tenido la necesidad de trasladarse en taxi, pero recurrir a este servicio privado constituye un gasto significativo. Sitios de taxi ubicados en las inmediaciones de los hospitales públicos no siempre hacen respetar el uso del taxímetro ni las tarifas oficiales del banderazo de un servicio de día o de noche. Para el enfermo y sus familiares, el usar el taxi para trasladarse a Urgencias puede resultar benéfico siempre y cuando el servicio sea brindado de manera honrada. Además, resuelve en primera instancia la lentitud y el hacinamiento del transporte público, así como el eventual problema de estacionar su propio vehículo. No resistimos dar a conocer el testimonio de una señora originaria de Baja California, quien acompañó a su hija gravemente enferma a Urgencias del Hospital Centro Médico 20 de Noviembre:

> "Pues, mira, aparte de la enfermedad de la niña, el mal trato que te dan desde que llegas. Te vas bajando con la niña de un taxi, o sea que uno anda pidiendo que una silla de ruedas y que te salgan con que no hay, o con que no te la pueden prestar que porque no estás registrada aquí en el ISSSTE... Llegamos con la niña y nos negaban la entrada. No nos dejaban pasar. Siendo que entró una ambulancia yo corrí con la niña. La niña, así como venía enferma, tuvo que correr junto conmigo: '¡córrele hija para poder entrar!'. Así fue como nos metimos, de trampa nos metimos."[32]

Este extracto de entrevista permite ver el cúmulo de dificultades de una madre de familia que no solamente tomó un taxi con su hija enferma para trasladarse hasta el hospital, sino que le fue negada la entrada.

Asimismo, el traslado inicial es de fundamental importancia porque tiene consecuencias directas sobre el estado de salud del enfermo o enferma. Según el medio de transporte empleado, los familiares deben enfrentar desafíos diferentes: si es una ambulancia, a un cobro excesivo sin tener ninguna garantía de que sea una unidad registrada; si es en coche, el no contar con la atención médica elemental durante el viaje; si es en

---

[32] Entrevista directa con Mónica, alrededor de 30 años, hija internada en el Hospital Centro Médico 20 de Noviembre, 23/10/2017.

taxi, el ser víctima de un conductor deshonesto. Por lo tanto, independientemente del vehículo con el cual se trasladan al servicio de Urgencias de un hospital, el enfermo o accidentado, junto con sus acompañantes, conocen las dificultades preliminares del proceso de atención a la salud.

2.2 El desaire

En el presente apartado vamos a examinar por qué se dice "no" a un enfermo que se presenta a Urgencias. En efecto, es bastante frecuente que los familiares reciban una respuesta negativa. Podríamos incluso afirmar que es la norma, aunque se necesitaría contar con datos cuantitativos para comprobarlo. El desaire de quienes se presentan a Urgencias y piden ser atendidos es, en términos llanos, el rechazo de su solicitud. De hecho, muchos fueron los entrevistados que denunciaron esta situación, pues tuvieron que presentarse en Urgencias de varios hospitales antes de ser atendidos. Desaire, entonces, es sinónimo de negación del servicio de atención a la salud. Aunque la Ley condena tal práctica, en los hechos es una respuesta reiterada.

> "De hecho, ella se accidentó el sábado en la madrugada y no la recibían en ningún hospital. Y la tuvieron peregrinando hasta que aquí la recibieron. Aquí tampoco la iban a recibir, no la querían recibir por la gravedad que traía. Pero finalmente la aceptaron.
>
> ...ese peregrinar en el que anduvieron mis familiares, porque primero la llevaron a un lado, luego al otro y en ningún lado se la recibían. Yo creo que eso no está bien. ¿Si se nos muere ahí, en el carro? Se iba desangrando mi

hermana, porque traía el fémur expuesto. (...) Hablaron a la ambulancia, y pues que no podía salir al Distrito [Ciudad de México] y el Estado [de México]. Los de la ambulancia misma llamaron, y pues que no la podían atender en el 'Gustavo Baz' que porque no hay la atención para la gravedad que ella presentaba. Y en el de 'Las Américas' tampoco: que no había camas. Entonces, la mandan a 'La Villa': tampoco, en 'Balbuena' tampoco la quisieron atender. Y así anduvieron. En el que está aquí en el INR [Instituto Nacional de Rehabilitación]: tampoco. La mandaron para acá [Hospital Gea González], pero no la quisieron atender. La mandan al 'Xoco': tampoco. Regresaron acá, y ya hasta que mi sobrino habló con el director fue que le dieron la atención aquí."[33]

En estos casos, los familiares buscan una solución a su alcance (en función de su capital social y económico) para lograr la completa y definitiva recuperación de su pariente.

"Tiene más de un año, igual nos mandaron de la Clínica 31 para acá [Clínica 32]. Pero la Clínica 31 nos mandó en taxi porque no hubo ambulancia, porque no quisieron esperar a que hubiera una ambulancia. Así me entregaron todos mis papeles y a mi madre en taxi, porque llegamos aquí e igual, llegamos aquí a las 4 de la mañana y la atendieron hasta las 10 de la mañana. Estuvimos con mi mamá más de 8

---

[33] Entrevista directa con Andrea, 48 años, hermana internada, realizada afuera del Hospital Dr. Manuel Gea González, 25/10/2017.

horas aquí y después la pasaron a piso. Pasaban y la veían como a todos. Pero cuando me la dieron de alta, mi mamá salió en malas condiciones porque mi mamá no controlaba el equilibrio, no controlaba la voz y se le iba el aire. (...) Yo tuve que llevar a mi mamá... Bueno, yo no, mi hermano la tuvo que llevar a un particular a que la atendieran."[34]

Estos testimonios ahondan en el fenómeno del "peregrinar" de los solicitantes de ayuda médica para un enfermo grave, y muestra que la atención deficiente, junto con un número insuficiente de días de hospitalización, los conducen a emprender otro tratamiento por fuera, cuyo costo deben asumir en su totalidad. Esta tardanza en ser atendida primero, y luego la prolongación afuera del hospital de la convalecencia de la madre de la entrevistada, remiten a una dilatación institucional de los tiempos con graves consecuencias para la salud de la enferma.

Los enfermos pueden ser rechazados por los policías de entrada ("no es grave", "no hay médicos ni paramédicos", "es demasiado grave para ser atendido aquí"), por el personal de admisión ("pertenece a otro hospital", "no tiene la documentación necesaria") y por los médicos que realizan la primera auscultación ("no es grave", "preséntense mañana a consulta externa", "tome esta pastilla y regrésese a su casa", "no hay camas disponibles", "no tenemos los equipos para tratarlo", "vuelva aquí con sus estudios"...). Los argumentos enumerados entre comillas muestran las respuestas que se escuchan con más regularidad. La saturación de

---

[34] Entrevista directa con Gabriela, 50 años, madre hospitalizada en la Clínica 47 del IMSS, 10/03/2018.

los servicios de Urgencias a menudo arrincona a los tres grupos de trabajadores antes citados a reducir el acceso tomando la libertad de rechazar una parte de las solicitudes de admisión. Esta conducta, producto de una decisión individual y, hasta cierto punto, fomentada por la institución, tiene como propósito aligerar la carga de trabajo. A esta carga de trabajo que resulta del procesamiento de expedientes y llenado de formularios, se suma la presencia estática en la sala de espera de los enfermos y sus familiares. Esta multitud angustiada y necesitada de atención médica e información, es la que ejerce una presión sobre el personal (siempre en número insuficiente) que labora en el servicio de Urgencias. Buscan entonces cómo protegerse y evitar el *burn out*. El desaire es una de sus tácticas discursivas para disuadir a los enfermos de ser atendidos en ese lugar.

Además, presentarse de noche a Urgencias, un domingo o un día festivo, no llegar en ambulancia, llegar sin el carnet de salud, o con una documentación incompleta, son elementos que reducen significativamente la probabilidad de ser atendido, incluso presentándose en estado de salud crítico. Hay hospitales en los cuales no hay médicos en las tardes, como lo revela la señora Sara, quien se regresó de Estados Unidos para estar con su hijo y acompañarlo a Urgencias en el Hospital Belisario Domínguez:

> "En el hospital que está en Tláhuac lo llevé el lunes, y no me lo recibieron porque no hay médicos. Y ya hay más de quince días que no hay médicos en las tardes, y mucha gente corremos aquí. Ayer me dijeron a mí: 'es que a usted la mandaron a Tláhuac'. 'Si en Tláhuac no hay médicos, me pueden atender aquí. Yo

pertenezco a esta zona porque yo vivo aquí como a quince minutos'. (...)

Ya estoy aquí, pero sí, sí tardan bastante. A mí me ha tocado que estuve hoy toda la noche y llego unas personas a las 11:00 de la noche y los atendieron hasta las 8:30 – 9:00 de la mañana."[35]

El número limitado de hospitales en la Ciudad de México y los municipios circunvecinos es la causa del alto número de derechohabientes tratados en cada unidad médica. Si a esto se le suman los hospitales de zonas marginadas que no operan al cien por ciento debido a problemas arquitectónicos, materiales y carencia de personal médico, entonces podemos comprender por qué la afluencia en Urgencias es tan elevada.

"De hecho, ella se accidentó el sábado en la madrugada y no la recibían en ningún hospital. Y la tuvieron peregrinando hasta que aquí la recibieron. Aquí tampoco la iban a recibir, no la querían recibir, por la gravedad que traía, pero finalmente la aceptaron.

E1: ¿Fue inmediato cuando la atendieron?

A: No.

E1: ¿Tardaron mucho tiempo?

A: No pues, bastante, como horas. Porque de aquí la mandaron y de ahí no regresaron, y así anduvo peregrinado."[36]

Este extracto de entrevista ilustra una experiencia traumática vivida por muchos. Al escuchar testimonios

---

[35] Entrevista directa con Sara, 54 años, hijo internado en el Hospital de Especialidades Belisario Domínguez, 26/02/2018.

[36] Entrevista directa con Andrea, 48 años, hermana internada en el Hospital Dr Manuel Gea González, 31/10/2017.

respecto de los desaires que recibieron, podemos aseverar que la negación de atención de la salud por parte del personal de las unidades médicas se basa, entre otros criterios, en el perfil del solicitante. Si el enfermo que solicita atención en Urgencias mora lejos de la Ciudad de México, es de escasos recursos, de origen indígena y no está acompañado por familiares, la probabilidad para que le nieguen el acceso es muy alta. El desaire no es una respuesta universal para todos los solicitantes, sino prioritariamente para quienes son de extracción socioeconómica más baja. Se trata de una forma de discriminación subliminal.

Varias personas entrevistadas nos dijeron que por ser pobres no los trataban bien y tenían que esperar mucho tiempo. Una humilde señora, originaria de Hidalgo, que acompañaba a su esposo a Urgencias del Hospital Xoco nos confió con tristeza: "El domingo apenas entró un paciente. Se nos hace raro que llegando lo atendieron rápido. Para mí, que era un pariente o familiar de uno de los trabajadores de aquí, y ya hasta lo dieron de alta. Y hay otros que también necesitan operación y no les dicen nada y los hacen esperar."[37] Cabe recordar que el no permitir que las personas tengan acceso a la salud contraviene a la legislación en vigor,[38] pero sobre todo ilustra la universalidad de una

---

[37] Entrevista directa con Mariana, 38 años, esposo internado en el Hospital Xoco, 25/10/2017.

[38] En el Reglamento de la Ley general de Salud en materia de Prestación de Servicios de Atención Médica, se específica que: "ARTICULO 71.- Los establecimientos públicos, sociales y privados que brinden servicios de atención médica para el internamiento de enfermos, están obligados a prestar atención inmediata a todo usuario, en caso de urgencia que ocurra en la cercanía de los mismos. ARTICULO 72.- Se entiende por urgencia, todo problema médico-quirúrgico agudo, que ponga en peligro la vida, un órgano

práctica que tiende a seleccionar a los pacientes en función de su estatus social, su relación con la institución y los médicos que ahí laboran (la importancia de ser recomendado), así como de su patología.

En un sugestivo trabajo en torno a los servicios de Urgencias en cinco hospitales norteamericanos, Roth (1972) mostró cómo el personal que recibe a los enfermos, al margen del reglamento, los seleccionaba a partir de su raza, condición social, manera de vestir y hablar. De igual forma, en los hospitales públicos de la Ciudad de México el tiempo de espera de los pacientes para ser atendidos (si es que son admitidos) es inversamente proporcional a la posición que el personal del hospital les asigna en esta escala subjetiva de prioridad que no siempre corresponde a los tres colores del semáforo del sistema *Triage*.

Asimismo, el ser derechohabiente del ISSSTE, del IMSS o del INSABI pasa a segundo plano en cuanto al primer filtro de admisión, aunque algunos entrevistados reconocieron una diferencia de trato entre dichas instituciones. Tal como nos lo confió Andrea, varios informantes no tuvieron más opciones que la de movilizar sus "relaciones" para poder hablar con el director o la directora de la unidad médica y así lograr la admisión de su familiar. Al respecto, las familias más numerosas tienen más posibilidades de movilizar recursos humanos, "mover sus influencias" e incluso contactar a alguien que labore en el hospital. Conocer un empleado, familiar, amigo o doctor vinculado con el responsable de Urgencias, es susceptible de cambiar radicalmente la suerte del

---

o una función y que requiera atención inmediata." Publicado en el Diario Oficial de la Federación (DOF), el 19/12/2016.

enfermo o accidentado. Esta capacidad relacional de los familiares permite vencer las resistencias de los policías de entrada y del personal. Pero cuando carecen de este capital social,[39] son definitivamente rechazados como fue el caso del señor Antonio, quien acudió al Hospital de Iztapalapa un 25 de diciembre, por una presión arterial muy elevada. Ahí le dijeron que no había ni paramédicos ni médicos para atenderlo, por lo que se regresó a su casa en el mismo estado.[40]

Cabe señalar que el sistema de *Triage* faculta al médico para decidir, después de una auscultación superficial, algunas preguntas, toma de presión arterial y temperatura, si la persona que solicita ayuda pueda ser atendida en Urgencias o no. Es sabido que derechohabientes llegan a confundir el servicio de Urgencias con el servicio de consulta externa. A pesar de esta confusión, varias personas entrevistadas hicieron hincapié en el hecho de que uno tiene "que estar muriéndose o desangrándose" para ser admitido. De ahí la necesidad, expresada por algunos informantes, de realizar un "performance" ante el médico con tal de exagerar los síntomas y el dolor pues, de lo contrario, los enfermos piensan que corren mucho riesgo de que los devuelvan a su casa. De ahí su insistencia en la gravedad de su patología y la necesidad de una atención urgente.

---

[39] Retomando lo planteado por Bourdieu (2011: 92, 107, 163), entendemos por capital social las "relaciones" que permiten incrementar el rendimiento del capital económico y cultural, mediante el empleo de técnicas de sociabilidad. El volumen de estas relaciones, pero también su diversidad y calidad permiten hablar de un capital social diferente y diferenciador, el cual se manifiesta en una situación de gran necesidad como la de ingresar un enfermo grave en un hospital público.

[40] Entrevista directa con Antonio, 51 años, esposa internada en el Hospital General de Iztapalapa, 28/03/2018.

Con base en los testimonios recabados es posible afirmar que la "peregrinación" no siempre termina cuando el enfermo es ingresado a Urgencias, ya que se suelen dar de alta a personas que no han recobrado totalmente su salud –hemos visto que el número promedio de días de hospitalización en México es la mitad de los ocupados en los países de la OCDE–. Cabe agregar que, de manera excepcional, hospitales como el Xoco y el de Tláhuac dieron de alta a muchos de los pacientes atendidos en Urgencias para poder recibir a víctimas del terremoto ocurrido el 19 de septiembre del 2017. Una situación similar volvió a manifestarse a mayor escala con la pandemia de la Covid en 2020-2021 cuando hospitales públicos de la Ciudad de México y del Estado de México fueron declarados "hospitales Covid", algunos incluso con un letrero anunciando "Hospital 100% Covid". Al dar de alta al paciente todavía en estado delicado, los médicos pueden solicitar a los acompañantes que pidan una cita en consulta externa para valorar la evolución del enfermo. Los entrevistados que se refirieron a esta solicitud fueron unánimes al denunciar la larga espera que padecieron antes de que su enfermo pudiera ser examinado nuevamente. Hugo, un sexagenario de condición humilde entrevistado afuera de Urgencias de la Clínica 47 del IMSS, nos confió que en su opinión el sismo del 19 de septiembre del 2017 no modificó la calidad de la atención de los enfermos, y que siguen dando citas para dentro de 3, 4 o 5 meses e incluso 1 año.[41] Estos plazos para ser atendidos son, a primera vista, excesivos sobre todo si se trata de dar seguimiento a pacientes que ingresaron a Urgencias y cuya enfermedad crónico-

---

[41] Entrevista directa con Hugo, 65 años, hijo hospitalizado en la Clínica 47 del IMSS, 13/03/2018.

degenerativa o patología traumática no ha sido controlada del todo. El personal puede presionar a la familia para dar de alta a su familiar después de un reducido tiempo de hospitalización, o bien, en el caso contrario, puede frenar su salida argumentando diversos requerimientos burocráticos. El desaire entonces, no se refiere únicamente al ingreso del enfermo, sino también a su egreso. Es la imposición de la voluntad de un miembro del personal por sobre la voluntad del paciente y sus acompañantes.

En suma, el desaire es una respuesta común por parte del personal que labora en Urgencias debido a la saturación del servicio. Pero la negación de la atención a la salud se ha convertido también en una práctica diaria, incluso cuando hay una afluencia regular o baja, por lo que puede afirmarse que se ha integrado al *habitus* de los policías, del personal de admisión, así como del personal paramédico y médico. El desaire es el origen de la peregrinación del enfermo y sus familiares hasta encontrar un hospital donde acepten atenderlo. Cabe señalar que el peregrinar de hospital a hospital con un familiar presuntamente contagiado de Covid-19 resultó extraordinariamente peligroso tanto para los acompañantes, como para quienes estaban en los puntos de acceso de las instituciones de salud; por supuesto también para el mismo enfermo cuya salud era susceptible de deteriorarse rápidamente. [42] La movilización del capital social y económico de los

---

[42] Melesia, L. (2020), "Ciudad de México se ha salvado del colapso, reabrir sin pruebas puede cambiarlo todo", en *Washington Post*, 24 de mayo. Disponible en: https://www.washingtonpost.com/es/post-opinion/2020/05/24/ciudad-de-mexico-se-ha-salvado-del-colapso-reabrir-sin-pruebas-puede-cambiarlo-todo/ (consultado el 12/09/2020).

solicitantes de atención en Urgencias para poder obtener luz verde, muestra precisamente la importancia de las relaciones de parentesco junto con la capacidad familiar de movilización de recursos.

2.3. El paciente ambulante

> "No pues, tienes que hacer una cola para que el policía te de permiso para entrar, aun teniendo la urgencia de que ya viene... Pues de urgencia de otra clínica y te hacen que te formes. Luego de ahí te hacen que te formes para que te revisen, de la revisión te mandan a investigación... De ahí, de investigación ya te mandan a revisión, de revisión te mandan a radiografías, si es que es necesario, si no, te regresan otra vez a consultorio, y del consultorio te mandan otra vez a que hagas todo el trámite, el papeleo para que me entiendas..."[43]

El testimonio desalentador del Sr Miguel sirve para introducir el tema que nos interesa abordar ahora: la movilidad espacial del enfermo durante el proceso de curación. Haber sido evaluado clínicamente al presentarse en Urgencias es solo una etapa preliminar del proceso de atención a la salud. En función del diagnóstico, de la disponibilidad de camas y de personal, el paciente es enviado a terapia intensiva, o bien, lo mandan a hacerse exámenes radiológicos y de laboratorio pero, en la mayoría de los casos, lo dejan

---

[43] Entrevista directa con el Sr Miguel Ángel, 57 años, afuera del Hospital General Regional 2 del IMSS, 25/01/2020.

esperar en la sala o en los pasillos, e incluso lo despiden para su casa con una receta médica si juzgan que no necesita ser hospitalizado. Asimismo, ser atendido en Urgencias significa aceptar la idea de moverse de un lugar al otro dentro de la misma institución y fuera de ella.

Muchos son los hospitales que no cuentan con servicios de Urgencia especializados para obstétrica, pediatría, traumatología, etc., situación que deriva en una atención indiscriminada de enfermos de gripa hasta mujeres que van a dar luz, pasando por personas con miembros fracturados, sujetos en coma diabético, hipertensos, baleados... El servicio de Urgencias es donde acuden todos sin cita, a cualquier hora, todos los días del año. Así que la atención diferenciada de enfermos implica necesariamente procesos de atención específicos.

Generalmente, el servicio de Urgencias está conformado por varias "islas" interconectadas entre sí; islas que son espacios funcionales en los cuales se llevan a cabo actividades específicas. El paciente sabe que de la sala de espera va a pasar a una primera consulta llamada *Triage*, en la cual será interrogado para determinar el grado de urgencia de la atención que necesita recibir. El médico podrá tomar también la decisión de mandarlo de regreso a su casa o bien enviarlo a consulta externa en otro hospital. Para quienes pasan esta primera prueba –aunque el sistema *Triage* no está generalizado en todos los hospitales públicos, siempre hay una auscultación preliminar– los espera una segunda consulta, con otro médico, en otro consultorio ubicado en Urgencias. El paciente responde al llamado de su nombre presentándose en el lugar que le van indicando sucesivamente. Disciplinado por necesidad, el enfermo navega de un lugar al otro. Y entre dos desplazamientos, espera. No hay hospitales – incluso los privados– en los cuales el proceso de atención del enfermo se haga de manera continua, sin intervalos de tiempo.

> "Aquí abajo, sí, y en el laboratorio le tomaron muestras de sangre a él [señala a su hijo] y el segundo análisis que le hicieron, el tipo estaba dormido, nos tuvo esperando no sé... 20 minutos, porque estaba dormido, literal. O sea, en su cubículo y estaba dormido... Hasta que lo fueron a despertar (...)
> Por ejemplo, tiene rayos equis allá arriba. Si vienes fracturado es difícil moverte, aunque tienen elevador tardan un montón. Entonces... no tienen sillas para que la gente se siente a esperar, están en las placas, en las radiografías y ahí hay, no sé 10 sillas y hay 30 personas."[44]

Los vaivenes del enfermo, y a menudo de los familiares que lo acompañan, se deben –la mayoría de las veces– a requerimientos médicos y procedimientos instituidos. Si bien coexisten reglamentos federales y estatales, la dirección de cada hospital posee cierto margen de maniobra para modificar algunas reglas y crear otras con tal de brindar al entorno laboral especificidades únicas acordes a las condiciones organizacionales y contextuales del hospital (e.j. no pueden sacar a su enfermo del hospital para hacer exámenes médicos un domingo; estipulan los horarios de visita, los objetos y alimentos que se prohíben introducir en el hospital por parte de los familiares). A estas variaciones jurídico-administrativas se agregan los procedimientos que los

---

[44] Entrevista con Eduardo, 36 años, Unidad Médico Familiar 15 del IMSS, 27/10/2017.

trabajadores han inventado y reproducen en el día a día, como principios verbales, los cuales pueden tener efectos sobre el trato a los pacientes. Uno de ellos por ejemplo es la facultad que se abrogan de no respetar los horarios de visita o de acortarlos de manera arbitraria. En todo caso, al interior de cada servicio, la comunicación interpersonal y el intercambio de experiencias entre los trabajadores tienden a validar ciertos tipos de conducta, lo que desemboca en la construcción del *habitus* de la enfermera y del *habitus* del médico (*cf.* Cap.2.2 y Cap.2.3). El requerimiento de un paciente en un lugar, y luego en otro, y después en otra área del hospital e incluso mandarlo en ambulancia a un nosocomio distinto para realizarle exámenes médicos, son en parte el resultado de requerimientos a menudo erráticos, en virtud de una ausencia de procesos administrativos-médicos establecidos sobre una base lógica y racional.

Una reflexión rápida permite aseverar que esta movilidad espacial contribuye a cansar a los enfermos, desesperarlos y eventualmente incrementar sus dolencias. Este fenómeno encuentra su origen en la burocratización del proceso de atención, la falta de personal y de camas, así como en la imposibilidad de contar con todo el material de curación y análisis de laboratorio en un mismo lugar. Los exámenes que deben realizarse los pacientes son tardados, ya sea porque se han robado los equipos, no funcionan, porque el personal para manipularlo no está disponible, porque hay listas de espera y, para algunos exámenes, la obtención e interpretación de los resultados es tardada. Las carencias materiales y humanas de los hospitales del sector público se ven reflejadas, entre otros, en una deslocalización y lentitud de la atención. Esta situación alcanza su paroxismo cuando el mismo personal de salud manda al paciente a hacerse análisis fuera del hospital, en un laboratorio privado.

> "Lo hacen a propósito para que te hartes y te vayas, también mi abuelita necesitaba una tomografía y le pregunté [al médico], pero tenía que esperar a que hubiera espacio.
>
> Fui a hablar con el director y me dijo que solo me podía ayudar llevándola aquí a un laboratorio cerca, ¡por aquí!... Traté de buscar uno económico, pero solo encontré por Ixtapaluca. Entonces, no me permitió llevarla y como fue un domingo no se pudo. Hablé con el director y al otro día en la tarde le realizaron los estudios. Con razón en Facebook suben: "Cuando en el IMSS necesitan una tomografía", y en la imagen aparece un esqueleto. Como no lo había necesitado, no pones atención, pero ahora lo entiendo..."[45]

En varios otros testimonios ha sido posible discernir –entre líneas– una duda del informante respecto del interés de un miembro del personal para que su paciente realice exámenes médicos en un laboratorio privado específico. Es factible pensar que algunos profesionistas del sector público de la salud reciben una comisión por cada paciente que mandan a uno de estos laboratorios externos al hospital. De hecho, no es una casualidad encontrar muy a menudo negocios privados de insumos médicos, productos farmacéuticos y laboratorios, en los entornos inmediatos de los hospitales públicos. En todo caso, estos traslados de quien padece una enfermedad o traumatismo del servicio de Urgencias a otras unidades o a laboratorios

---

[45] Entrevista directa con Laura, 51 años, hospital regional de zona 71 del IMSS Chalco, 07/02/2020.

privados, participan de lleno en el proceso de vagabundeo ambulante.

A estos vaivenes erráticos sometidos a contingencias diversas, debe agregarse el traslado definitivo de un paciente a otro hospital. A partir de la experiencia que van teniendo con el ingreso de su familiar a Urgencias, y luego sobre la base de la información que logran reunir respecto del padecimiento y su tratamiento, pueden desarrollar la idea de trasladar al enfermo a otro hospital. Para concretar tal eventualidad primero deben asegurarse de que el paciente esté estabilizado y quizá ocupando una cama en un servicio especializado (que lo hayan subido "a piso"). Empieza entonces un tardado y laberintico proceso administrativo para preparar el traslado, proceso durante el cual se ha visto la importancia de contar con el beneplácito de las autoridades de uno o, mejor aún, de los dos hospitales. De manera general, los familiares tienden a movilizar su capital social (y económico) para que su enfermo reciba la mejor atención en las mejores condiciones. En otros casos, el conflicto abierto de la familia con el personal de enfermería y el personal médico puede arrinconar a aquélla a tomar decisiones drásticas cómo la de sacar a su familiar del hospital. Esta situación extrema obliga al grupo de parientes cercanos a buscar una mejor opción de acceso a la salud para el enfermo, opción que puede ser la de ingresarlo en otra unidad médica en la cual piensan que recibirá un mejor trato. Los familiares van construyendo un nicho de saber sobre un hospital o el otro a partir de su experiencia previa, su experiencia personal y la información relativa a la fama de determinada unidad médica. Este proceso acumulativo de información es crucial a la hora de decidir si van a pedir o no el traslado de su enfermo.

En suma, vislumbramos tres momentos en ese peregrinar del enfermo: 1) el traslado ; 2) la necesidad de encontrar un hospital que lo admita en Urgencias; 3) la decisión de cambiarlo a una mejor unidad médica (o ser atendido por un médico particular) después de un tiempo de haber sido hospitalizado sin resultados significativos. Estas etapas –por las que no todos los enfermos tienen que pasar siempre– muestra que primero la espera para ser atendido y luego la espera para curarse son procesos conexos impredecibles.

3. LA ESPERA

Conviene examinar ahora tres aspectos conexos de esta espera multidimensional de los pacientes y sus acompañantes respectivos. El primero remite a la auto organización de los familiares para asegurar una rotación eficiente de quienes esperan en Urgencias. El turnarse ofrece una ilustración concreta de la solidaridad familiar, pero también de los roles de género. El segundo aspecto abarca la dimensión económica de la espera, siguiendo el refrán "tiempo es dinero". Los gastos que deben sufragar los esperandos redoblan su desgaste físico y emocional. Finalmente, una tercera dimensión de la espera que se examinará a continuación es la representación social del hecho de no poder hacer nada. La inactividad impuesta por las circunstancias genera el equivalente a una muerte social.

3.1. La carrera de relevos

Una vez el paciente ingresado al servicio Urgencias, comienza para los familiares la organización de una rutina para turnarse. Salvo casos aislados en los cuales un solo acompañante cumple con esta función, los familiares se van sustituyendo uno al otro. La persona más disponible y cercana al enfermo(a) es la que generalmente inicia el proceso de espera para luego ser remplazada por otra. Con el tiempo sentirá la necesidad de ser sustituida, y entonces empezará el proceso de rotación. Este proceso lo llamamos "carrera de relevos", aunque no se trate de una competencia entre equipos o familias. Sin embargo, asegurar la continuidad de la espera es una necesidad porque así lo exige el personal del hospital por un lado y, por el otro, responde a la misma necesidad de las familias. Es una carrera en la cual la actividad de quienes participan en ella consiste en no hacer nada durante determinado tiempo. Se trata de acoplarse al tiempo que pasa, al tiempo que marcan las manecillas del reloj. Quienes aceptan participar en esta carrera de relevos se someten a las exigencias de una espera a menudo larga, angustiante e incierta. Renuncian a las comodidades de su vida rutinaria para, en nombre de la solidaridad, apoyar a su enfermo. En muchos sentidos es una prueba de resistencia. Puede haber familiares que esperan afuera de la sala de Urgencias de manera simultánea a quien está adentro, como los porristas rarámuris que corren al lado de su favorito durante las carreras de bola en las escarpadas montañas de la Sierra Tarahumara (Acuña Delgado, 2005, 2006). De cierta manera, los acompañantes que se encuentran afuera del hospital motivan a quien asume el compromiso en la sala de espera de Urgencias, lo soportan y ayudan. En todo caso, esta carrera de relevos pone a prueba la paciencia y determinación de los participantes. Aunque mixta, es una prueba física y psicológica que asumen más voluntariamente las mujeres.

Dos son las reglas: un solo familiar en la sala de espera y su presencia las 24hrs del día. Un aspecto del fenómeno social de la espera concierne a los requisitos para acceder al servicio de Urgencias. "Un solo acompañante" es una regla que los policías aplican invariablemente en los hospitales públicos. Puede comprenderse que el principio de "un solo acompañante por enfermo" responde a la necesidad práctica de reducir la afluencia en las salas de espera, a menudo no habilitadas para recibir a un gran número de personas. Permite más fácilmente mantener el orden, se ensucian menos las instalaciones y además se reduce el riesgo de propagación de enfermedades. Hemos sido testigo de que, en ocasiones, el enfermo que llega a Urgencias va acompañado de muchos familiares. En entrevista, fuera del Hospital Gea González, la señora Magdalena nos reveló que los nueve hermanos acompañaron a su padre en estado de coma, y en las noches se turnaban para que se quedara solo uno de ellos; en cambio, los sábados y domingos se juntaban cerca de 40 afuera del hospital, entre hermanos, cónyuges e hijos.[46]

Sin embargo, este comprensible *numerus clausus* instaurado por las instituciones de salud tiende a aumentar la vulnerabilidad de los enfermos y sus acompañantes. Estando presentes varios familiares en la sala de espera podrían sobrellevar la incertidumbre que genera el estar en esa situación y, en caso de inconformidad, ejercer una presión más eficaz sobre el personal del hospital. La espera es a menudo larga y angustiante, por lo que la separación de los familiares, entre el que se queda adentro y los demás que esperan afuera, puede verse también como una estrategia para disciplinar a los acompañantes y fomentar una cooperación subordinada. Cabe señalar adicionalmente que en la práctica esta regla de admisión en la sala de espera suele ser violada merced al empleo de subterfugios. Engaños y sobornos permiten aliviar la soledad de quien está dentro de la sala de espera, al

---

[46] Entrevista directa con la Sra. Magdalena, 48 años, padre internado en Urgencias en el Hospital Gea González, 29/11/2018.

poder conversar cara a cara con un miembro de su familia. Dicho sistema de privilegios que distinguen entre sí a los usuarios de hospitales públicos, lo había encontrado el sociólogo canadiense Goffman (2001: 58-62) en su estudio de las "instituciones totales". La interpretación de las reglas de admisión en Urgencias por parte de los policías tiende a generar distinciones en el trato y, por ende, crear sujetos con derechos diferentes.

Al margen de los favores que pueden beneficiar a ciertos usuarios, hemos constatado que los "esperandos" pueden dividirse en tres grupos: (1) los acompañantes que, debido a la gravedad del padecimiento de su paciente, han obtenido un pase de 24hrs, el cual permite a uno de ellos ingresar y salir libremente de la sala de espera, (pase que se prestan conforme se van turnando). (2) Los familiares que esperan afuera del hospital y que pueden entrar solamente para hacer las visitas cotidianas a su enfermo –en los horarios que estipula el hospital– y aprovechar ese corto tiempo compartido para bañarlo. Según las unidades médicas, pueden ingresar de uno hasta cuatro acompañantes en esos horarios de visita, pero deberán turnarse para estar con él en el cuarto. (3) Finalmente, están los acompañantes que esperan afuera, generalmente varones, y que dejan a miembros de su familia (mujeres las más de las veces) entrar a Urgencias y estar en contacto directo con el enfermo. Suelen decir que "vienen para apoyar", "para lo que se les ofrezca", en el marco de una solidaridad moral y familiar con el paciente.

> "Se turnan. Tiene que estar alguien siempre mientras esté en Urgencias. Debe de estar una persona las 24 horas. Entonces, en la noche, se queda uno. Entra a las 7:30 y se queda hasta

mañana. Es muy pesado. Por ejemplo, mi familiar se quedó desde ayer desde las 8 y hasta ahorita que son las 12 todavía está ella hasta las 7 de la tarde, porque va a llegar la que va a relevarla en la noche, y como todos han trabajado (mis primos), por eso."[47]

Pero esta capacidad de movilización de recursos humanos durante un periodo de tiempo excepcional, remite a la posibilidad de contar con más familiares voluntarios y que pueden dejar sus actividades cotidianas, incluyendo su trabajo.

"De hecho, nos estamos turnando mis hermanos y yo, pero todo trabajan. Somos como cinco. De hecho, ahora que estuvimos en emergencias éramos como cuatro, pero como no pudimos quedarnos ahí, nos turnábamos para no dejarlo solo."[48]

"Pues ahora sí que depende, porque si tienes mucha familia, se turnan. Pero si no, te chingas tú solo. Mi tía está enferma del riñón, entonces una de mis primas ya tenía tres días aquí y pues nosotros como somos pobres... Mis otras tías tienen que trabajar y yo ayer falté al trabajo. Entonces pues ahora sí que hay que ayudar a la familia. Su hija ya tenía dos días, ella sola."[49]

---

[47] Entrevista directa con Sandra, 33 años, Hospital Regional 1º. de Octubre, 11/11/2017.
[48] Entrevista directa con Patricia, 47 años, Hospital General Rubén Leñero, 27/10/2017.
[49] Entrevista directa con la Sra. Guadalupe, 57 años, hermana internada, Hospital General de Iztapalapa, 10/02/2018.

A mayor grado de pobreza, mayores son las dificultades de los familiares para realizar esta carrera de relevos. Las obligaciones asociadas a las actividades asalariadas limitan considerablemente la flexibilidad de horarios de los trabajadores. Algunas entrevistadas nos revelaron que tuvieron que darse de baja en su trabajo para poder estar presente en la sala de espera de Urgencias. Incluso si logran conservar su empleo, los acompañantes hacen un sacrificio para cumplir con su obligación moral y su deber de solidaridad. Sacrifican la comodidad de su casa, de su rutina diaria, de sus comidas y horarios de sueño; ponen entre paréntesis su privacidad mientras esperan en el hospital. Esta carrera de relevos es mucho más agotadora para quienes no cuentan con familiares disponibles y dispuestos a ayudar. Es que esperar no se reduce a pasar horas sin hacer nada, el acompañante responde a las solicitudes de información e insumos por parte de las enfermeras. Además, están presentes en la visita cotidiana, hacen preguntas al personal paramédico y médico, manifiestan su cariño y solidaridad con el enfermo cuando están a su lado. También procuran y bañan a su familiar en el marco de la afección que tienen que por él o por ella, sustituyendo a las enfermeras.

> "Entonces si a ella le anda del baño hay que pasar a ayudarla para el baño o ponerle el cómodo, o si tiene pañal, cambiarle el pañal. Entonces, no me puedo retirar yo de aquí... Por ejemplo, si a ella no le han dado de comer me llaman para irle a dar de comer. Entonces, yo realmente no me puedo separar de aquí. Tengo

que estar aquí para que cuando vengan y me hablen… aquí debo de estar".[50]

La carrera de relevos es entonces una dinámica familiar que moviliza sujetos y recursos con el fin de estar presente permanentemente en la sala de espera o bien afuera del hospital. Con el paso de los días la solidaridad intrafamiliar se va organizando y precisando, los turnos de guardia son programados, la información útil se comparte e incluso los acompañantes suelen ponerse de acuerdo para llevar alimentos a quien está de guardia. Se trata de una dinámica colectiva orientada hacia el bienestar del paciente. Desde el exterior del hospital, aseguran el nexo con el enfermo o enferma, le ofrecen la seguridad de hablar con el personal –en caso necesario– y realizar trámites relativos a su hospitalización. Constituyen la reserva. Su sola presencia apunta hacia garantizar una buena atención a la salud a su paciente por parte del personal de la unidad médica. La carrera de relevos constituye una expresión social de la autoayuda al mismo tiempo que nos recuerda la desconfianza de los derechohabientes para con el sistema de salud. En efecto, el estar de guardia las 24hrs se ve casi exclusivamente en las salas de espera de los hospitales públicos, a menudo sobre-saturadas, mientras que las salas de espera de los hospitales privados constan generalmente de una baja ocupación. En el primer caso, la supuesta gratuidad de servicios médicos ofrecidos al pueblo genera una amplia desconfianza, la cual es alimentada por los numerosos testimonios de errores médicos, mala

---

[50] Entrevista directa con Ana, 43 años, madre internada en el Hospital Venados, 28/02/2018.

atención, así como carencia de insumos y medicinas. En el segundo caso, el costo de los servicios en unidades médicas con buena reputación autoriza a los clientes exigir –y obtener– una atención a la salud de calidad para su familiar; los insumos que requieren se los cobran, y la información que les quieren transmitir lo hacen vía telefónica.

En suma, puede afirmarse que la carrera de relevos es un malabarismo del tiempo ejecutado por los derechohabientes del servicio público para contrarrestar anticipadamente las carencias de las unidades médicas. Al mismo tiempo, es exigencia institucional el hecho de que haya un familiar por paciente presente las 24hrs, los siete días de la semana. Esta voluntad coercitiva puede interpretarse como una expropiación del tiempo de los usuarios del sistema de salud con visos de mantener su dependencia para con el Estado.

3.2 Gastos y desgaste

El tema del gasto de bolsillo que realizan los enfermos y sus familiares mientras están atendidos en unidades médicas del sector público, es de mucha relevancia porque está directamente relacionado con un determinado uso del tiempo. Ser atendido o, mejor dicho, esperar para ser atendido en un consultorio médico, constituye un paréntesis en la vida laboral de un trabajador o en las actividades domésticas de una ama de casa. El gasto de bolsillo para sufragar todos los gastos directos e indirectos relacionados con la atención a la salud impacta a las familias doblemente:

primero, porque destinan un recurso al rubro de la salud y no a otros rubros –incluso gastos básicos–, y dos, porque mientras se trasladan, esperan, son atendidos e incluso hospitalizados, no generan ingresos. Los enfermos y sus familias se empobrecen. Al respecto, un artículo del New York Times señala: "Una forma común de dejar de ser clase media es enfermarse de algo caro. Familias completas de clase media son arrastradas a la pobreza por un cáncer, una diabetes o un accidente de tránsito grave".[51]
En la Encuesta Nacional para la Salud puede apreciarse el gasto ambulatorio por institución:

Cuadro 3. Gasto en atención ambulatoria por institución que presta la atención. 2018-2019

	Porcentaje de usuarios que realizó gasto	Mediana del gasto en pesos
Gasto total	45.1	150
IMSS	3.2	400
ISSSTE	2.4	750
Servicios Estatales de Salud	18.9	250
Consultorio dependiente de farmacia	92	40
Médico privado	90.8	400
IMSS Próspera	11.8	390
Otras instituciones públicas	45.7	100

---

[51] "La salud pública en México es eso que nadie quiere usar", en New York Times, 03/08/2020. Disponible en: https://www.nytimes.com/es/2020/08/03/espanol/opinion/ser vicio-salud-mexico.html (Consultado el 11/02/2023).

Consultas	42.4	100
Estudios de laboratorio y gabinete	43.5	500
Otros gastos*	61.1	50
Medicamentos	53.6	300

* Incluye los gastos de consulta, de traslado y otros gastos

Fuente: Ensanut (2020: 61)

El Cuadro 3 muestra que el gasto de bolsillo es un fenómeno recurrente cuando de atención a la salud se refiere, incluso cuando ésta es recibida en el sector público. Los datos son ilustrativos de una situación universal, pero referida solamente a una atención ambulatoria. Si nos enfocamos específicamente a la hospitalización en terapia intensiva u otros servicios, estos gastos de bolsillo crecen de manera exponencial debido a la duración de la espera de los familiares, la gravedad del estado de salud del paciente y porque a menudo el personal de salud suele pedirles la compra de insumos. De manera general, los gastos de bolsillo en México representan un 41% del gasto total en salud.[52]

Asimismo, las personas que esperan en Urgencias se ven obligadas a desembolsar dinero para sufragar gastos extraordinarios, o sea, gastos que en su vida normal no realizan. Esta espera en Urgencias constituye un paréntesis en su vida como agentes económicos. Están obligados a no hacer nada mientras esperan la curación de su paciente. Durante ese periodo sus gastos crecen porque se encuentran fuera de su casa, y porque los que ejercen una actividad laboral dejan de tener ingresos o ven sus ingresos reducirse.

---

[52] https://www.oecd.org/mexico/health-at-a-glance-mexico-ES.pdf (consultado el 09/05/2021).

Esperar es una pérdida de tiempo (aunque así no lo ven los esperandos, porque su prioridad absoluta es la salud de su familiar) y también una pérdida de dinero. Los gastos de transporte de ida y vuelta de los familiares que se van turnando, la compra de comida rápida y bebidas dentro o afuera del hospital, así como el pago para el uso de los sanitarios constituyen gastos que, para algunas familias, afecta su economía de manera significativa. Al respecto, el señor Joaquín nos confió molesto:

> "No, pues, los gastos han estado muy fuertes, bueno no tanto, sino el venir... Por ejemplo, las personas que han estado viniendo a verla, no somos de aquí, somos de Contreras. Taxi..., los que tienen carro, en carro, pagar estacionamiento. Esos weyes te cobran creo que 40 varos. [Señala a los franeleros]. No sé, nosotros venimos en moto, pero aun así la gasolina... O sea... Por ejemplo, anoche no pude ir a trabajar porque estaba yo aquí... Yo trabajo de noche, entonces anoche no fui a trabajar porque me retuvieron aquí. Ya iban a dar de alta a mi mamá ayer, pero me retuvieron que porque agarró una infección de principios de bronquitis. Por eso la retuvieron y perdí todo el tiempo y ya no pude ir a trabajar, o sea no hay problema, ya dices tú, pues, está bien. Pero ya si le echas lápiz es una lana ¿no? Ahorita por ejemplo mi día de ayer ya no me lo van a pagar... Y ahora sí que los gastos en ese aspecto sí han estado algo fuertesitos..."[53]

---

[53] Entrevista directa con el Sr. Joaquín, 33 años, en el camellón afuera de Hospital General Regional 2 del IMSS, 18/01/2020.

En función de la situación financiera de la familia y del número de miembros que se solidarizan, es como los acompañantes resienten el efecto económico de la hospitalización de su familiar en Urgencias. No hay un patrón de conducta uniforme, y la percepción del impacto de los gastos varía de una persona a otra. Diferentes también son las implicaciones cuando el familiar debe ausentarse de su puesto en calidad de asalariado o cuando trabaja por su propia cuenta. No obstante, podemos afirmar que en su inmensa mayoría son mujeres, madres o abuelas, quienes esperan en Urgencias; amas de casa que dejan de realizar sus actividades domésticas y cuidadoras. Una palabra que emplean con frecuencia para referirse al abandono temporal de estas actividades es "descuidar". Se ven obligadas a descuidar su casa, y la atención de quienes en ella viven, por cuidar a su paciente. Proveedoras de cuidados y cariño en el hogar, se ven obligadas a enfocarse de manera exclusiva a un solo miembro de su familia, el más vulnerable. Y para las madres solteras y las mujeres que trabajan esta experiencia en Urgencias como acompañante puede llegar a tener consecuencias económicas devastadoras.

> "Mi hija trabaja. Trabaja allí en La Paz y tuvo que pedir permiso una semana para venir a acompañarnos, para que yo me quede aquí para la niña. Y yo trabajaba de sirvienta allí en La Paz, este... pues tuve que renunciar. Renunciar allí para poder venir aquí yo. Allá en La Paz le mandé un escrito al gobernador de la Baja California Sur con toda esa inconformidad de ¿cómo es posible que tanto dinero que gasta el gobierno en otras cosas? ¿No puede mandar a arreglar los aparatos de la ciudad? Los aparatos para que la niña pudiera haber sido

atendida allá, que le hubieran podido hacer la colonoscopía que ella ocupa y para eso nos mandan hasta acá. Son muchos los gastos pues... y nadie toma en cuenta todo eso."[54]

Conmovedor es este testimonio de la abuela materna de una niña que tuvieron que trasladar a la Ciudad de México para hacerle estudios frente a la imposibilidad de realizarlos en su ciudad natal, porque ahí los colonoscopios estaban descompuestos. Se vio obligada a renunciar a su trabajo para acompañar a su hija y nieta. En su caso, a la pérdida de su fuente de ingresos se sumaron los gastos de traslado de la península californiana al Valle central de México. Su situación extrema ilustra el grado de dificultad económica que representa la atención en Urgencias para quienes poseen un acotado capital social y familiar.

A los gastos personales que los esperandos deben asumir ya sea para trasladarse al hospital y para quedarse allí, se agrega lo que las enfermeras les piden para llevar a cabo la atención médica y los cuidados personales del paciente. Estos dos tipos de gastos se suman en una sola categoría que los economistas denominan "Gastos de bolsillo", lo cual se refiere a los egresos que tienen los usuarios del servicio público para tener acceso a la salud. En los hospitales públicos, estas solicitudes se han multiplicado en los últimos años hasta provocar un fuerte descontento entre los derechohabientes.

"Pues, así en general,... [la atención es] regular porque a veces sí son doctores buenos y a veces muy groseros. Más las enfermeras; son

---

más déspotas, son muy poco humanas, muy, muy groseras. Pero lo más preocupante de verdad, para mí, es que no tienen ni medicamentos para otorgarle a los pacientes. ¡Ya ni la chingan!... A veces ni un pinche paracetamol tienen... ¡Imagínate! (...) Nos pidieron un medicamento que dicen que no tenían, lo cual se me hace un absurdo porque pues ellos deberían de tener el medicamento adecuado y siempre tenerlo ¿no? Ah... y una férula que tampoco tenían y gasté pues como... 580 pesos en eso, más o menos. Sí fue un gastito fuerte."[55]

El problema del desabasto de medicina en los hospitales públicos se ha agudizado a partir de 2019 con la reducción del presupuesto para el Sector Salud y el cambio de las reglas de operación para la adquisición de fármacos en los laboratorios.[56] La carencia generalizada de medicinas en las farmacias de los hospitales públicos no solamente ha afectado a los sectores más vulnerables de la población enferma (los menores con cáncer y las personas con VIH-SIDA), sino que las familias de nivel socioeconómico medio y bajo se han visto en la necesidad de desembolsar dinero para comprar los insumos requeridos para la debida atención en Urgencias de su enfermo. El señor Juan nos relató que había tenido una experiencia previa en el Hospital General Regional 2 y que la situación de desabasto de medicina no había sido resarcida.

---

[55] Entrevista directa con la Sra. María de los Ángeles, 69 años, afuera del hospital General Regional 2 del IMSS, 11/01/2020.
[56] Leer los reportes de la organización de la sociedad civil nosotrxs.org a través de su plataforma internet "No al huachicol de medicinas".

"Sí, [he tenido otra experiencia de espera en Urgencias] con mi hija... También se fracturó el brazo hace un tiempo y aquí la trajimos. Pero ya sabemos que aquí es muy tardado. Sí dan la atención, pero hay que esperar bastante... Lo malo también es que luego cuando uno necesita medicamentos no los tienen y te inventan puras chingaderas... Esa vez, con mi hija, pues ella necesitaba que le pusieran gasas y vendas y eso... porque se fracturó, pero también tenía todo raspado el brazo y ni eso tenían a la mano... Y la verdad no fue un gasto tan grande... Pero, pues, dices tú, es algo que deberían tener y ni eso."[57]

De nueva cuenta, asocian el gasto que representa comprar insumos en farmacias del sector privado con otro problema encontrado en Urgencias, en este caso, la demora para ser atendido. Las explicaciones del personal para justificar los diferentes problemas que impiden un acceso gratuito y oportuno a la salud no han sido satisfactorias para el entrevistado. Ve con desconfianza a médicos y enfermeras. Otro testimonio es ilustrativo respecto del contexto en el cual se da el desabasto de medicamentos:

"Cerramos el año pasado con un problema parecido, solo que esa vez se rompió un brazo un compadre mío, ahí de la familia. Y pasó lo mismo. En primera, no tienen medicamento, tú tienes que salir a comprar por afuera. En segunda, hay negligencia médica porque no te

---

dicen bien qué van a necesitar los pacientes para determinado tipo de lesión, ósea, no te hacen ningún estudio y no te dicen lo que tienes... Es eso, es lo que está pasando y siempre ha sido así, te digo. Eso nos pasó en septiembre del 2019 y ahora en 2020 sigue igual. Y ves que iban a cambiar varias cosas en el IMSS y en el ISSSTE y un montón de cosas que, la verdad, no han cambiado. Nada. Sigue todo igual de mal que antes."[58]

En este caso, junto con la denuncia de la carencia histórica de medicina en el hospital, el entrevistado menciona un problema recurrente que es la falta de información respecto del estado de salud del paciente. Si bien se abordará este punto más adelante (cap.4.3), podemos adelantar que la solicitud de material dirigida a los familiares se inscribe dentro de una comunicación a menudo escamoteada del cuerpo médico para con el público. Debe agregarse que esta solicitud de medicinas a las familias de pacientes ingresados en Urgencias no les deja muchas opciones, pues se sienten con la obligación de conseguirlas y enseguida. La señora Carolina nos comentó lo siguiente:

"No, bueno. Supongo que todo sería más rápido si compro las cosas yo. Ves que siempre se tardan un montón cuando te atienden acá. Además, nunca tienen medicamentos y siempre te andan dando largas siquiera para dártelos. Es mejor comprarlos por afuera

---

[58] Entrevista directa con el Sr. Gerardo, 53 años, afuera del Hospital General Regional 2 del IMSS, 22/02/2020.

porque sale más rápido para el alivio de mi hijo y para el mío también, ¿no?"[59]

En el discurso de una parte de los entrevistados puede notarse una asociación entre la demora para ser atendidos y recibir información, y la carencia de medicinas. Al parecer, la no entrega de fármacos refuerza la idea de que el personal del hospital no quiere atender a los pacientes o lo hacen de mala gana. La distancia física y comunicativa que separa al público de los profesionales de la salud tiende a incrementarse cuando se pide a los familiares comprar los insumos para poder atender a su enfermo. Las palabras del señor Miguel Ángel entrevistado afuera del Hospital General Regional Núm. 2 del IMSS, son elocuentes al respecto.

> "Entras a Urgencias y te dicen que no hay medicamentos... Le digo, 'oiga doctor me dicen que haga una cita para mañana a las 5 y media de la mañana para ver si hay medicamento que se le pueda dar'... Entonces, ya pasaron 24 horas y... aparte de todo esto, le digo, 'doctor con todo respeto, dígame qué medicamentos se necesitan y yo mejor los compro en la farmacia'. Yo los tuve que comprar, efectivamente. Deja tú el gasto fuerte, lo molesto es que si vas a una clínica del seguro social y que te digan que no hay medicamento... Son mamadas, y te tardan 3, 4, 5 horas ahí adentro y parado, pues creo que no es justo (...) Al paciente no se le puede decir que no; sí lo atienden, porque ven la urgencia que es... Pero medicamento, te vuelvo a

---

[59] Entrevista directa con Carolina, 33 años, afuera del Hospital General Regional 2 del IMSS, 22/01/2020.

repetir... O que necesitan una prótesis o algo así... No te la dan... La tiene que adquirir uno mismo. Medicamentos, pomadas y todo eso, pues no lo tienen, el seguro social... Desgraciadamente, no tienen medicamentos."[60]

La carencia generalizada de medicinas puede tener, para quienes están hospitalizados en Urgencias, consecuencias fatales.[61] De ahí, la movilización obligada de los acompañantes para surtir, en un tiempo corto, los insumos que el hospital debería de tener. La reacción negativa de los entrevistados frente a esta solicitud de las instituciones del sector público se debe a que es un fenómeno general. En algunos hospitales con carencias más agudas, no se limitan al pedido de insumos médicos y paramédicos, sino que incluso solicitan productos de higiene personal como jabón, champú, toallas e incluso botellas de agua. Los acompañantes que reciben estas solicitudes en realidad no tienen la posibilidad de decir "no". No tienen opción. Deben atender estos pedimentos en el momento, aunque estén inconformes con ellos. De hecho, los esperandos están presentes las 24 horas del día en la sala de espera literalmente atentos a lo que se les dice y lo que se les pide. Están a

---

[60] Entrevista directa con el Sr. Miguel Ángel, 57 años, Hospital General Regional 2 del IMSS, 25/01/2020.

[61] Tan severa es la falta de medicinas en hospitales que se creó el colectivo de la sociedad civil "Cero desabasto". En su último reporte señala que la carencia de medicamentos fue dos veces mayor al año anterior. "La falta de medicamentos se duplicó durante 2021, reporta Cero Desabasto", en Expansión política, 22 de enero del 2022. Disponible en: https://politica.expansion.mx/mexico/2022/01/26/falta-de-medicamentos-duplicacion-2021-cero-desabasto (consultado el 14/02/2023).

merced de las solicitudes repentinas de las enfermeras y de los médicos. En los hechos, los familiares no disponen del tiempo necesario para reclamar y denunciar este desabasto, por lo que se movilizan rápidamente para conseguir los insumos faltantes. Quieren la remisión de su enfermo por sobre las consideraciones organizacionales e institucionales.

Es de interés anotar que las personas mayormente inconformes respecto del desabasto de medicinas fueron los varones quienes, como jefes de familia y en su rol de proveedores, asumen la carga financiera de adquirir por fuera lo que el hospital les pedía. Son quienes están afectados económicamente por las carencias manifiestas, o supuestas, de insumos. Esta situación conduce a una parte de estos derechohabientes a reflexionar sobre el funcionamiento del Seguro Social a través de las aportaciones de los trabajadores y de los empleadores.

> "Sí, sí sí, pues que surtan bien los medicamentos para los pacientes. Porque haz de cuenta, si no tienes la seguridad de que tienen un medicamento o la certeza de que te van a dar el medicamento, entonces ¿para qué están cobrando una cuota al patrón si no te están dando el medicamento que tú quieres? Al final, tienes que comprarlo por afuera."[62]

Esta reflexión sensata remite al funcionamiento mismo del sector salud y los graves problemas que limitan el abasto oportuno y completo de medicamentos. El robo interno de medicina y equipos es una situación que ha

---

[62] Entrevista directa con el Sr. Gerardo, 53 años, sala de espera del hospital General Regional 2 del IMSS, 22/02/2020.

sido denunciada públicamente en los medios masivos de comunicación y reconocido por la Auditoria Superior de la Federación.[63] En entrevista, un doctor generalista nos aportó las siguientes precisiones sobre una de las causas de este desabasto:

"La verdad no me consta que haya doctores o enfermeras que se claven los medicamentos o inclusive los utensilios. Pero sí me queda claro y lo que sí me consta es que en las farmacias de los hospitales... los que están en ese sitio, puede que sí se lo roben o hagan por ahí una tranza. Vas a una cita, por ejemplo y te recetan algún medicamento... vas a la farmacia de la misma institución porque ahí está... y llegas y te dicen que no hay nada.

Entonces, la pregunta realmente es ¿qué se está haciendo con ese medicamento? Pero siento yo que no es el robo directamente por parte de los médicos ni las enfermeras porque ellos no tienen acceso a los medicamentos, es en el área de farmacia. Entonces si hay robo hormiga es por parte nada más del área destinada a surtir el medicamento."[64]

---

[63] La Auditoria Superior de la Federación cotejó la desaparición de más de cien mil medicamentos en los almacenes de cuatro hospitales, así como el hurto de costosos aparatos en diferentes hospitales públicos del país. Arturo Ángel. (2020), "Errores humanos causaron la falta de medicina", en *Animal político*, 3 de marzo. Disponible en: https://www.animalpolitico.com/2020/03/errores-humanos-cuasa-falta-medicamentos-hospital-20-noviembre-issste/ (consultado el 23/11/2022)

[64] Entrevista directa con el Sr. Jorge, 60 años, Hospital General Regional 2 del IMSS, 13/02/2020.

Respecto de los graves y perennes disfuncionamientos internos del sector público de salud, en su carta de renuncia a la dirección del IMSS, en mayo del 2019, Germán Martínez denunciaba: "la calidad y eficacia en muchos servicios del IMSS dejan mucho que desear", y que "el Instituto Mexicano del Seguro Social tiene retos, desafíos, extravíos y una enorme corrupción." A pesar de la denuncia de las irregularidades y los delitos que se cometen dentro de los hospitales en perjuicio de los enfermos, esta situación perdura. Junto con un presupuesto insuficiente para el Sector Salud, estas pérdidas incrementan el gasto de bolsillo de los que menos tienen. Pone en aprietos a personas en situación de vulnerabilidad, derechohabientes del IMSS, del ISSSTE y del INSABI. "Les vuelvo a repetir, si uno viene solo con la pura limitación... Entonces, ¿de dónde va a agarrar uno para que nos curen a nuestro paciente?" pregunta una entrevistada de muy escasos recursos.[65]

Cuando el enfermo está desahuciado y lleva varios meses hospitalizado, la situación económica de los familiares puede tornarse muy difícil. Incluso algunos llegan a endeudarse con tal de saldar la cuenta del hospital y los gastos anexos. Un señor de condición humilde que estaba esperando afuera de un hospital de la Ciudad de México nos confesó:

> "Uy, mi papá se aventó 4 meses en otro hospital. Ahorita lleva aquí 4 días, pero pues ya no hay nada que hacer. Entonces sí es muy difícil, más que nada los gastos y todavía necesitamos dinero para los gastos funerarios. Ya ha sido un desgaste tanto físico, psicológico y económico. Entonces ya estamos al límite...

---

[65] Entrevista directa con la Sra. Laura, 62 años, afuera del Hospital General 1-A del IMSS ("Hospital de los venados"), 01/02/2020.

La verdad, no podemos... Y entre trabajar y nada más ser dos hermanos pues ¡imagínate qué difícil es! Y los dos trabajamos..."[66]

Este testimonio da cuenta de las implicaciones económicas de la prolongación de la hospitalización de su padre en un contexto en el cual su vida y la de su hermano han sido trastornadas. Frente a la imposibilidad de repartirse gastos y responsabilidades entre los dos hermanos, las preocupaciones que se van acumulando les genera una gran ansiedad. La perspectiva de tener que sufragar gastos funerarios es difícil de aceptar aunque, debido al deterioro de la salud de su padre, es una situación con alta probabilidad de suceder. El fallecimiento de pacientes ingresados a Urgencias o atendidos en terapia intensiva es un acontecimiento frecuente. En estos casos, el gasto de los acompañantes es muy fuerte.

> "Por ejemplo, el día de ayer a un muchacho se le murió su mamá, y el muchacho solo, sin nadie, sin dinero porque le pedían dos mil cien pesos para el traslado funerario, algo así. Le pedían eso, lo que cobra la carroza. El muchacho empezó a ofrecer su único medio de comunicación, su teléfono y vino la señorita de seguridad y lo sacó, le dijo que eso no lo podía hacer. Una señora le intentó, pues, aportar algo económicamente. Le estaba dando al muchacho cuando la señorita de seguridad se acercó nuevamente y le dijo que no, que eso estaba mal. Todos nos quedamos

<hr>

[66] Entrevista directa con el Sr. Jacobo, 52 años, afuera del Hospital General 1-A del IMSS ("Hospital de los venados"), 01/02/2020.

impresionados, pues la señora de buena voluntad le estaba dando algo al muchacho."[67]

De nueva cuenta, este testimonio muestra que la institución hospitalaria, a través de su personal, en este caso la policía de entrada, no ayuda a los usuarios con más dificultades económicas como este joven huérfano de madre, sino que, a la inversa, contribuye en incrementar los obstáculos para resolver situaciones trágicas. Si bien no podemos generalizar a través de un solo ejemplo la experiencia de todos los que pierden un familiar en Urgencias, gracias a los testimonios en torno a la atención en el área de Urgencias y cómo testigos de que ciertos hospitales públicos brindan una mejor atención que otros, es posible aseverar que los trámites de gestión de un familiar fallecido y los gastos que implican el tratamiento del cuerpo del difunto tienen un costo que algunas familias difícilmente pueden absorber.

En suma, el gasto de bolsillo que genera la atención de una persona en Urgencias en hospitales públicos es un fenómeno multicausal debido al presupuesto reducido para el sector salud, la falta de transparencia en la adquisición y distribución de medicamentos, irregularidades internas, la comisión de delitos como el robo de equipos, y la corrupción de algunos elementos del personal que labora en los hospitales. Además de la frecuente necesidad de adquirir por fuera insumos médicos y paramédicos, los acompañantes deben de hacer frente a gastos relacionados con su estancia en la sala de Urgencias o fuera de ella. Estos egresos extraordinarios llegan a

---

[67] Entrevista directa con Verónica, 32 años, en la sala de espera del Hospital General de Zona 33, 16/01/2020.

perjudicar gravemente la economía de los hogares. La capacidad del paciente de movilizar, a través de quienes lo acompañan, determinado capital social y familiar tiene una repercusión directa sobre la evolución de su capital económico. Hasta cierto punto, la inversión de recursos permite aumentar la capacidad de recuperación del paciente y evitar que la hospitalización dure excesivamente.

3.3. La pequeña muerte

El trabajo de campo nos ha mostrado que debemos diferenciar las condiciones de espera en función del capital social y económico del paciente, pero sobre todo de la distancia del domicilio al hospital. En efecto, la organización de la espera es muy diferente para quienes viven relativamente cerca de donde está internado su familiar, en la misma Delegación, en la misma ciudad incluso, y quienes han viajado desde el extremo de la república mexicana para ser atendido en ese mismo hospital. En el primer caso, hay una mayor probabilidad para que el número de parientes voluntarios sea suficiente para organizar guardias con una alta rotación. Hasta cierto punto pueden ir a descansar en su casa, cumplir con sus labores domésticos, laborales y alimentarse correctamente. En el segundo, el enfermo está acompañado generalmente por un solo familiar muy cercano (la madre, esposa o hermana del enfermo, la más de las veces), por lo que todo el peso de la espera recae en los hombros de esta última. La gente de provincia constituye la población más vulnerable; son los sujetos que más padecen los disfuncionamientos de los servicios de urgencia de los hospitales públicos de la capital, incluso si logran movilizarse varios de ellos para asistir a su pariente enfermo.

Con el registro del paciente en Admisión de Urgencias comienza una nueva etapa para él, e incidentemente, para quienes lo acompañan. El enseñar su documentación del seguro y una identificación oficial, dar los datos de su acompañante, así como responder a las preguntas generales relativas a su padecimiento, constituyen el inicio formal de un "estado de excepción" en su vida, para retomar el vocablo de Agamben (2005: 14-15). Este estado de excepción constituye un paréntesis en su vida, una vida fuera de su cotidianidad. Se trata de un tiempo durante el cual los sucesos están dictados por las condiciones de operación del servicio de Urgencias. De forma voluntaria, aunque motivado por la necesidad de ver terminados sus padecimientos y recobrar su salud, el usuario del sistema hospitalario se pone enteramente en manos de la institución. No tiene más opción que aceptar todo en bloque o rechazarlo y marcharse. Se ve en la obligación de asumir las reglas del juego impuestas por la Secretaría de Salud, por el hospital y también las inventadas por el personal. Ingresar a Urgencias es dejar tras sí la libertad de movimiento propia de la vida civil. Es abandonar por un tiempo incierto las rutinas que construyen el día a día. En otras palabras, es dejar de hacer cosas, para no hacer nada. Esperar en Urgencias no es una actividad en sí, es más bien el efecto inducido de una serie de disfuncionamientos. Estar sin hacer nada que tenga que ver con su vida mundana, es meterse incondicionalmente en las manos de los médicos y enfermeras, del personal administrativo y de la asistente social. Esta aceptación no está libre de resistencias como lo hemos podido verificar en el trabajo de campo: al ingresar a Urgencias no es cuestión de someterse totalmente a las reglas de una "institución total" como lo detalló Goffman (2001: 13), sino de aceptar lo que podemos designar como una "pequeña muerte". Por su parte, el sociólogo canadiense denominó "muerte civil" a ese estado en el cual el interno está arrinconado lejos de los suyos en monasterios, carteles militares, prisiones y asilos psiquiátricos. En el caso de Urgencias, no se trata solamente de la identidad civil de quien ingresa, sino también de sus actividades laborales, sociales y religiosas las que pone entre paréntesis. Asimismo, se abre para él o para ella un periodo indefinido en su vida, un periodo incierto, desgastante e incluso traumático, durante el cual no tiene control de lo que sucede o deja de suceder. A la inercia, a menudo devastadora, de la institución se suman los ritmos impuestos por los exámenes que se dilatan por la imposibilidad de utilizar el material, por la carencia de personal médico y la gestión burocrática de los recursos humanos dentro de los hospitales. Parte de estas reglas pueden descubrirse a través de la distribución de los trabajadores en el espacio arquitectónico del área de Urgencias (en la entrada, en Admisión, en la oficina de *Triage*, en el consultorio médico...). En Urgencias de los hospitales públicos de la Ciudad de México donde hemos ido, no hemos visto el otorgamiento de turnos con números. Una enfermera o ayudante de enfermería llama al paciente por su nombre sin apoyo de un micrófono, lo cual la obliga muy a menudo a repetir su llamado en salas saturadas de gente y con la televisión prendida.

> "Por ejemplo, su doctor particular de la clínica
> de mi mamá, es una persona muy grosera,
> muy déspota [enumera con las manos] que le
> ha hecho comentarios a mi mamá como: 'si no

está contenta, pues repórteme para que la cambien'… y pues para que le den el cambio de doctor es un proceso muy largo y no les hacen caso, entonces la gente mejor se aguanta y se queda con los mismos médicos."[68]

"¿Qué sucede? Que tú vas ya con esa tensión, que la traen vuelta y vuelta, que te la van a operar (…) y no lo hacen. Entonces llegas y te topas con ese tipo de gente y le dije (…), 'Señorita conmigo no tiene por qué ser déspota porque yo vengo y le estoy hablando con educación, así que exijo que usted me dé educación'. 'No, no vaya para allá'. Le digo no me hable así, sólo otórgueme la firma. 'No, no te voy a dar nada'. Le digo 'Bueno, entonces yo voy a pasar a reportarla porque yo no tengo por qué aguantar un trato con usted así; si usted no es feliz en la vida es problema de usted, no tiene por qué desquitarse con todos los demás y yo le estoy dando mucha educación.' Así como me doy la vuelta me dicen unas señoritas 'Venga'. Me acerco y me dicen: 'De verdad, vaya a reportarla porque (…) a todo el mundo lo trata igual y nadie la reporta; por eso no le pasa nada'. Le digo 'No, yo sí la voy a reportar. Díganme en dónde, ustedes oriéntenme en dónde". No pues en tal lado. Y sí fui y sí la reporté. Regresé y la actitud de la

---

[68] Entrevista directa con la Sra. María del Carmen, 59 años, Hospital General de Zona 53, 16/01/2020.

señora completamente diferente. 'Ay, es que no había visto que si traía esto...'."[69]

"Mire en el aspecto de los familiares. Uno se aguanta; recibimos los desaires del personal, pero si le brindan atención médica a nuestro enfermo nos tenemos que aguantar. Como han dicho: 'ellos mandan'. Si mi familiar está evolucionando para bien uno se aguanta. Los doctores saben lo que es bueno y malo; sólo está en esperar en que le brinden la atención, ya que si a uno le regresan a su paciente, no sabríamos qué hacer, ya que no tengo conocimiento de cuidados. Entonces hay que aguantar, ya que nos dan esperanza de que nuestro paciente mejore [asiente con la cabeza]."[70]

La resignación de las personas que están esperando en Urgencias, su aceptación muda de tratos indignos –cuando los hay– por parte de los empleados del hospital puede explicarse por el hecho de que, para ellos, la única razón por la cual están ahí es encontrar la salud y sus limitadas condiciones materiales de vida que les impiden solicitar atención médica en otro lugar. En efecto, la carencia de recursos económicos para ser internados en un hospital privado, el ser derechohabiente del INSABI, IMSS u ISSSTE, los

---

[69] Entrevista directa con Marcos, 37 años, Unidad Médico Familiar 15 del IMSS, 03/11/2017.
[70] Entrevista directa con la Sra. María Teresa, 60 años, afuera del Hospital general de Zona 53, 11/02/2020.

conducen a reconocer su posición en la parte inferior de la pirámide social. Preguntan, pero pocas veces reclaman y menos aún interponen una denuncia cuando están frente a una situación de negligencia médica. Están también los enfermos que ingresan a Urgencias y contraen ahí una infección debido a las deplorables condiciones de higiene.

> "De hecho va a estar aquí [su abuelo], si es que todo sale bien. Por lo menos en lo que su tratamiento de antibiótico... Es que él entró por un coma hepático y adquirió neumonía. O sea, él ni siquiera venía por eso y ahora resulta que tiene neumonía y le están tratando con antibiótico. Y el tratamiento dura siete días. Aparte, él trae sus defensas bajas y es más probable que se haya contagiado por sus defensas tan bajas."[71]

El testimonio de la madre de un paciente que fue mal atendido en el Hospital Xoco es revelador:

> "Para mí toda la culpa es de la enfermera que no le tuvo cuidado y no le dio ningún medicamento para el dolor, ni nada. Yo le había dicho a la enfermera que él era diabético, y que si ella le había hecho eso, le tenía que tener mucho cuidado por lo mismo de su enfermedad. Y la enfermera me dijo: 'si es diabético, no pasa nada mami, y en 7 días venga para ver cómo va'. Nos fuimos, pero no pudimos esperar ni los 7 días: al segundo día venimos y para entonces mi hijo ya estaba muy infectado. Es también por eso que no sale de

---

[71] Entrevista directa con Carla, 27 años, afuera del Hospital General 1.a del IMSS, ("Hospital de los venados"), 01/02/2020.

terapia intensiva, porque la infección (pues) no cede. Ya le abrieron, le lavaron y la infección no saben ni de dónde surge. (...)

Bueno, en una ocasión vino Contraloría en la madrugada y me preguntaron que qué creía al respecto, si lo consideraba una negligencia. Y que si yo pensaba que lo era, tenía el derecho de demandar. Y me dieron un papel en donde venía el correo electrónico del licenciado. Me dijo que le llamara y que no me preocupara, que ellos no iban a decir quién llamó, y necesitaba que le mandaran un correo para que le explicara cómo estuvo la situación..."[72]

A pesar de llevar un mes esperando noticias de su hijo agonizando en Terapia intensiva por la negligencia de una enfermera, la entrevistada no interpuso una demanda. Al respecto de esta resistencia a confrontar al personal, una señora afuera del Hospital regional UMAA2 del IMSS nos confesó: "Muchas veces la gente cree que si reclama algo va a repercutir en su paciente y por eso no dice nada".[73] Los acompañantes, entonces, están a la expectativa. No suelen desarrollar una conducta de resistencia, porque piensan que ésta podría ser contraproducente, así que optan en prioridad por una vía negociada para obtener el buen trato de su enfermo. A diferencia de la aseveración de Peneff (1998: 135), de que "la fuerza de los pobres [enfermos] es su abnegación en la espera", nos inclinamos a pensar que dicha renuncia es en realidad

---

[72] Entrevista con Yolanda, 48 años, madre de paciente internado en el Hospital Xoco, 09/02/2018.
[73] Entrevista con María Isabel, 46 años, hermana de paciente en el Hospital Regional UMAA2 del IMSS, 11/02/2018.

una desesperación mezclada de fatalismo. Prefieren negociar que confrontar. La abnegación no sería una virtud social de los derechohabientes de las instituciones públicas de salud, sino más bien la consecuencia de su reducido margen de maniobra para negociar la pronta y total curación del enfermo.

Exaltado, un informante nos dio detalles sobre la mala atención que recibió su mamá en Urgencias:

> "Entonces, por parte de mi hermano, siempre ha tenido seguro mi mamá. Pues no la querían atender que porque según estaba dada de alta con el número de mi papá; ahí fue donde hice la aclaración. Una semana pasó, cuando sí me quejé y ya me tenían hasta la madre a mí y a mis hermanos. Nos quejamos, de hecho, hasta levanté un acta en contra de un doctor. Por negligencia médica sí, exactamente. Venimos con un judicial y solamente con el judicial salió el doctor. Y dice: 'si no aparece el doctor ahorita mismo levanto una orden de captura por desacato y por... negligencia.'
> Luego, luego, salió el doctor. Oye tenemos una semana buscándote y no apareces cabrón, ¿qué onda? Lo que pasa es que no soy el único aquí. Me vale madre, tú eres el encargado y a ti te demandé, y aquí está el acta. Solamente así fue como dio la cara. Y ya le digo que qué onda. -¡Ah! Es que tu mamá... -Mi hermano la tiene asegurada. -¿Quién es tu hermano? -No, pues fulano de tal. Y ya fuimos a donde se registran y todo eso y ahí apareció. -Ay, es que esto no nos lo habían dicho. -Oye ¡no mames! O sea, en ventanilla me están diciendo que sí la tenían dada de alta con este número y aquí me dicen que no, por eso no la atendían. Tiene una

semana mi mamá tirada en la cama y no son ni para ir a cambiarle el pañal... ¿Qué onda?"[74]

Asimismo, los acompañantes se organizan para procurar esperar sin desesperarse, se comunican oportunamente noticias del enfermo y la evolución de su estado de salud, cooperan si es necesario y se suelen apoyar con alimentos. Hasta cierto punto, los intercambios regulares con los demás acompañantes alivian su pena. Interactúan también con personas desconocidas que están en la misma situación que ellos. Evitan cargar solos el peso de una espera incierta y angustiante.

> "¿Sabes qué es lo que pasa? Que cuando tiene tiempo conociéndose (15 días o tres semanas) se van como solidarizándose, o es parte de hacer un núcleo de tu propia pena. Entonces, se empiezan hacer la plática y se invitan cuando traen comida, por la misma necesidad de sentirse abrazado sin pedirlo. Es como un acuerdo en silencio, un acuerdo no acordado."[75]

Esta idea de un "acuerdo en silencio" se da cuando no hay una alta rotación de los familiares para estar presente en la sala de espera día y noche, y cuando llevan cierto tiempo esperando. Entonces, están reunidas las condiciones para que la superficialidad de los intercambios entre los usuarios del hospital pueda dejar lugar a gestos renovados de solidaridad. Los

---

[74] Entrevista directa con el Sr. Joaquín, 33 años, Hospital Regional 2 del IMSS, 18/01/2020.

[75] Entrevista directa con la Sra. Leticia, 56 años, hija internada en el Hospital Xoco, 07/03/2018.

encuentros cotidianos, el saludarse, intercambiar e incluso compartir comida son muestras de empatía y simpatía entre quienes padecen la misma situación. Tienen en común la angustia y la incertidumbre. Además, como lo señala atinadamente Martín Pérez (2009: 50): "La sociabilidad contribuye a contrarrestar los efectos negativos de los dispositivos de dominación. Sirve a los esperandos[76] para apropiarse del sistema de normas de funcionamiento e integrarlo en sus propias prácticas". Tejer lentamente una pequeña red de solidaridad entre quienes esperan es, efectivamente, una manera pacífica e inocua de resistir a la violencia inerte ejercida por la institución y el personal de salud. Si bien reconocemos que la duración del tratamiento médico varía en función del cuadro clínico, no obstante, el personal del hospital juega un papel determinante en cuanto a las condiciones de expropiación y uso del tiempo de los usuarios.

Debe mencionarse también el caso de los usuarios que se desesperan y renuncian a esperar más porque nadie los ha llamado.

> "A lo que se ve, está saturadísimo. Para la atención que se requiere pues no es la adecuada; se ve que llegan en terribles condiciones y los hacen esperar en la sala. Hay gente que se ha tenido que retirar sin la atención que se requiere porque no los llaman;

---

[76] Retomamos la categoría de "esperandos" (*attendants*) acuñada por el sociólogo español Martín Pérez (2009) quien, en su investigación sobre las filas de espera de los extranjeros para regularizar su situación afuera de las oficinas de migración de la ciudad de Madrid, mostró que existe un padrón general de las sociabilidades que se tejen entre estos usuarios (no ciudadanos) de la administración pública española.

nunca los llaman, nunca pasa, eso es lo que se ve allá dentro. (...) Llegó una señora, no sé si descalabrada, bueno no sé si se cayó o tuvo un accidente, pero descalabrada, allí estuvo como sentada como 2 horas sentada en la sala de espera y nunca la llamaron. Ella fue una de las muchas personas que se tuvieron que ir por la falta de atención. La señora se veía terriblemente mal ya estaba allí temblando, ya estaba vomitando, ya todo, y nunca la pasaron."[77]

Este caso muestra que el umbral de paciencia de los usuarios no es infinito, y que todos no tienen la fuerza física para elevar la voz y exigir con firmeza ser atendido. De hecho, una parte de los enfermos ve su estado de salud empeorar debido al largo tiempo de espera. En la sala de espera individuos sanos y personas enfermas se mezclan. La sala de espera es también un velatorio para quienes ahí fallecen.

Una entrevistada que cuenta con varias experiencias en la sala de Urgencias del Hospital de los Venados nos comentó: "He llegado a ver, no es la primera vez, he llegado a ver que sí han fallecido personas aquí. Dentro de la sala, a mí sí me consta. Una vez falleció una persona al lado mío. Llego su hija lo sentó y tenía el señor un dolor y así de repente nada más entró la hija y cuando salió, ya el papá estaba muerto al lado mío."[78] De igual forma, otras entrevistadas

---

⁷⁷ Entrevista directa con Marisol, 36 años, afuera del Hospital General 33, 17/01/2020.
⁷⁸ Entrevista con la Sra. Alicia, 50 años, accidentada y esperando ser atendida en Urgencias en el Hospital de los venados, 09/03/2018.

manifestaron haber sido testigo de esta banalización de la muerte en las salas de espera.

> "Por ejemplo, que si hay mucha gente, pusieran más doctores. Yo soy de la idea de que deberían poner más doctores, porque si la gente no muere de enfermedad muere por la falta de atención. Ahorita vi a una persona que estaba llorando porque el papá falleció y yo solo pensé 'pues, claro, todo el tiempo que tardan en atender a la gente, es lógico'. Aquí ayer hubo 4 muertos y ahorita escuche que una señora estaba llorando. Es que no atienden como debe de ser, se supone que son urgencias. El día que llegamos nos dijeron que solo había 3 doctores..."[79]

En síntesis, a la muerte civil que consiste en convertir al enfermo en paciente y despojarle de su autonomía y libertad, le sigue, en cierto número de casos, la muerte biológica. De esta manera, a través de la desposesión del tiempo de los enfermos, el hospital se presenta como el regidor de sus vidas durante el estado de excepción que constituye el periodo de hospitalización. La muerte civil debe, en principio, anunciar el renacimiento de la vida; es la condición preliminar para la atención a la salud, al menos que esta misma atención sea tan deficiente que conduzca, indirectamente a la muerte del paciente. En estos casos, las responsabilidades se evaporan al calor de las carencias de recursos humanos.

---

[79] Entrevista directa con la Sra. Irene, 59 años, Hospital General de Zona 53, 16/01/2020.

4. LAS PALABRAS Y LOS GESTOS

Ante el médico, uno sólo puede ser paciente.
Jorge González Moore

Conviene examinar ahora el tipo de relación que los diferentes grupos de trabajadores establecen con los derechohabientes sobre la base del trabajo de campo realizado y la consulta de fuentes secundarias. A través de los testimonios recolectados, hemos llegado a la conclusión de que existe un *habitus* gremial, el cual es más o menos coherente y coercitivo según las unidades médicas. A través de las quejas de los entrevistados, por un lado, y las justificaciones del personal incriminado por el otro, hemos podido notar la existencia de conductas estándar, las cuales caracterizan a un determinado grupo de trabajadores en los hospitales. Lo interesante de este descubrimiento no descansa en la posibilidad de generalizar nuestras conclusiones ni universalizar estereotipos, sino más bien en comprender cómo la espera de los enfermos y sus familiares constituye un fenómeno que se encuentra en la encrucijada de prácticas gremiales establecidas.

No hemos querido seguir la dicotomía tradicional entre el personal médico y el personal paramédico porque esta última categoría reagrupa una diversidad excesiva de trabajadores, diversidad que no permite un análisis fino de los diferentes *habitus*. Por lo tanto, organizamos nuestra reflexión en torno a tres categorías profesionales que son, (1) el personal no médico, el cual reagrupa a los policías de entrada, al personal administrativo y de intendencia. (2) el personal de enfermería que, según el organigrama oficial establecido por el Instituto Nacional de

Cancerología, comprende desde los camilleros, las auxiliares y las estudiantes hasta la jefa de enfermería.[80] Aunque esta organización jerárquica varía en función de las unidades médicas –un servicio de Urgencias no posee las características de un servicio de Cancerología– permite comprender lo numeroso y complejo de las funciones que desempeñan, así como la existencia de una especificidad propia de quienes laboran ahí en su relación con los pacientes. Finalmente (3) los médicos, quienes constituyen una categoría por completo al ser los representantes del saber especializado sobre la salud y, por ende, quienes tienen un estatus superior a las otras dos categorías. Pero entre los médicos que laboran en Urgencias existe, de forma similar al departamento de enfermería, una estricta jerarquía que va desde los estudiantes de medicina, los residentes y los adjuntos hasta el Jefe de Servicio.

4.1. Personal no médico

Los policías que guardan el acceso de Urgencias son los primeros con quienes los familiares tienen contacto. Representan el orden y la autoridad en un espacio donde la gente va, con urgencia, a buscar una solución a sus padecimientos físicos. Merced a su actividad en los puntos de acceso, los policías parecen secundar al personal médico, controlando no solamente a quienes ingresan y su conducta, sino también el flujo de derechohabientes que acuden a Urgencias cada día. La

---

[80] Disponible en: http://www.incan.salud.gob.mx/interna/medicos/internetenfermeria.pdf (consultado el 28/05/2021).

presencia de uniformados en los lugares de acceso de los hospitales del IMSS y del ISSSTE –a veces no son policías sino guardias de seguridad privada– remite a una voluntad omnímoda de control de los usuarios de los servicios públicos. Bellamy y Castro (2019: 127-128) describieron en su artículo el acceso a urgencias en un hospital público de la Ciudad de México:

> "En campo, se observa que al policía en funciones se le transfieren poder y decisiones que no le corresponden. El policía no se limita a permanecer en silencio mientras vigila, o a hacer puntuales intervenciones como parte de sus funciones de vigilancia, sino que persistentemente amenaza, regaña y reprime a los pacientes y familiares. Varios ejemplos ilustran dicha conducta persecutoria: si algún paciente se recuesta en la banca por el cansancio o porque se siente mal, el policía ordena: "¡No, siéntese bien!"; si mandan a un familiar por algún alimento o medicamento y éste entra apurado, le grita y amenaza: "¡No corra, aquí no se puede correr o la saco!". Otras órdenes que atestiguamos fueron: "¡Ponga sus bolsas en el suelo porque las bolsas no se cansan!" (a una persona que las había puesto en una silla); "¡Quítese la gorra!"; o "¿A dónde va, caballero? No, no se puede pasar. (...) El policía encargado de mantener el orden vigila a los pacientes y reprime sus comportamientos, ordena con la mirada para que se autorregulen y repetidamente pregunta a los familiares: "¿Quién es tu paciente?"

Los policías tienen el poder de autorizar el acceso a Urgencias o denegarlo. Al margen de las reglas que deben de hacer aplicar, dejan curso libre a una autoridad arbitraria. Los policías se abrogan fácilmente la facultad de imponer reglas desde una interpretación personal y circunstancial de cada situación. Dos terceras partes de los entrevistados dijeron haber tenido que enfrentarse con oficiales "enojones", "déspotas" y "malos", cuyo trato es "pésimo".

> "Mira, el problema que tiene la gente que viene es que los policías se creen médicos. O sea, tú traes a una persona de emergencia y ellos diagnostican si puede pasar o no puede pasar. Se supone que tú al traer un paciente es porque viene mal, viene enfermo, o sea, no lo traes a que se venga a pasear, a ver. No. Entonces los propios policías dicen: 'No. No puede pasar, no trae nada'. Ha venido gente realmente grave, yo lo he visto. Por ejemplo, una vez vino un viejito, ya no podía ni caminar, era un dolor insoportable y por ellos no pasó..."[81]

No obstante, muchos están de acuerdo en decir que la conducta de los policías varía según el individuo uniformado, ya que hay unos más "flexibles", "humanos" y "comprensivos" que otros. Algunos entrevistados han señalado diferencias significativas de trato entre policías jóvenes y policías con mayor edad; a veces los primeros son más amables; en otros casos, los segundos. Además, puede haber diferencias en el trato entre los policías del turno matutino y

---

[81] Entrevista directa con Leticia, 56 años, hija internada en el Hospital Xoco, 07/03/2018.

vespertino.[82] (Llama la atención el uso de los criterios de rango de edad y turno para distinguir entre buenos y malos.) Si bien una parte de los entrevistados no externó quejas respecto de ellos –los mismos que consideran como buena la atención en Urgencias–, otros nos confiaron su descontento y molestia.

Una joven, cuyo padre había fallecido en Urgencias del Hospital General del IMSS, Zona 2A "Troncoso", porque no había sido atendido debidamente, y cuya madre se encontraba internada, nos contó que le habían robado sus pertenencias en la sala de espera. En la mañana de la entrevista otra persona había sido también víctima del mismo delito, por lo que ella infirió que los policías eran cómplices de los ladrones, pues el filtro de acceso a Urgencias es supuestamente muy estricto.[83] Se han recabado otros testimonios de abuso de autoridad por parte de policías y también de soborno por parte de familiares que quisieron ingresar a Urgencias para alcanzar un pariente que estaba ya en la sala de espera. "Apenas hace dos días lastimaron a un señor. No sé si él pidió permiso para ir al baño o venía ya del baño, no lo sé. Y un policía lo empujó de la espalda. El señor estaba recién operado de la columna. Empezó a convulsionar en el suelo, y tardo más de veinte minutos para que le dieran atención."[84]

Aunque extremos, los hechos antes narrados se enmarcan dentro de un ejercicio de poder para decir

---

[82] Curiosamente la amplia variación de actitudes de un policía al otro, no fue registrada por Bellamy y Castro (2019) en su artículo.
[83] Entrevista directa con Alejandra, 24 años, hija de la paciente internada, Hospital general de Zona 2A "Troncoso", 11/10/2017.
[84] Entrevista con Ana María, 49 años, hermano internado en el Hospital Dr. Manuel Gea González, 27/10/2017.

"sí" o decir "no".[85] Según las unidades médicas, a los policías de entrada se suman vigilantes de empresas privadas, quienes no llevan radio ni bitácora de control del acceso a las instalaciones, pero controlan las puertas de acceso y la entrada a los elevadores. En la sala de espera de Urgencias del Hospital General Darío del ISSSTE, por ejemplo, los dos guardias privados están también encargados de "liberar" los asientos que los familiares reservan al colocar sus pertenencias debajo de las bancas, mientras se ausentan para recibir el informe médico. Asimismo, ni los policías de la entrada de dicho hospital ni el personal más próximo a los esperandos quieren encargarse de esta tarea ingrata que suele generar tensiones con los usuarios de la sala de espera. Es menester agregar que los guardias son frecuentemente abordados por familiares respecto de los horarios y condiciones de acceso en la zona dónde están atendidos los enfermos, por lo que, en los hechos, su función rebasa el único control de los accesos; los familiares, preocupados todos, están siempre ávidos de información.

Ahora bien, nuestra experiencia de trabajo de campo nos mostró que las secretarias que laboran en Admisión tienen una relación limitada con los usuarios. Se trata de una interacción mecánica que consiste en la revisión

---

[85] Este poder policiaco sobre los cuerpos anuncia y refuerza el poder médico, ya que los policías de entrada operan libremente el control del acceso a Urgencias, en coordinación con los responsables del área médica. Actúan sobre la acción de ingresar a la unidad médica por parte de los derechohabientes. En suma, es una relación de poder, tal como la definió Foucault (1988: 14), es decir: "un modo de acción que no actúa de manera directa e inmediata sobre los otros, sino que actúa sobre sus acciones: una acción sobre la acción, sobre acciones eventuales y actuales, presentes o futuras".

de los documentos presentados y anotación de algunos datos complementarios. Respecto de los empleados en ventanilla, Martin (2011: 39) señala que

> "están divididos entre el repliegue sobre la norma administrativa y el involucramiento personal en una relación interindividual. El dispositivo [nuevo programa de atención a los usuarios] obliga al agente a adaptarse, a convertirse en una pieza del mecanismo y/o a protegerse de las presiones ejercidas a la vez por la jefatura y por la afluencia del público" (traducción nuestra).

Más que al personal administrativo que labora en Admisión de Urgencias, esta reflexión se aplica a las Técnicas y Técnicos en Atención y Orientación al Derechohabiente (TAOD), cuyo trabajo las expone a demandas múltiples y constantes de los usuarios, por un lado, y a las exigencias institucionales, por el otro. La implementación del sistema *Triage* en urgencias de hospitales públicos fue acompañada de la presencia de una empleada en contacto directo con los familiares. Instalada detrás de un mostrador en medio de la sala de espera, tiene la difícil tarea de responder a todas las solicitudes; labor ardua e ingrata que consiste en fungir como enlace entre unos pocos médicos y un gran número de acompañantes angustiados. Informa y orienta, agiliza también la organización de las personas que esperan. Hasta cierto punto la TAOD suple a la trabajadora social (quien no siempre está en su oficina como lo pudimos constatar en varios sitios de observación) y complementa la labor de la secretaria de admisión, de los policías y de las enfermeras. En algunos casos, la TAOD se encarga de dirigirse a todo el público para recordarle los horarios de entrega de informes y las reglas de convivencia en la sala de espera, como el no apartar asientos, no introducir alimentos, no tirar basura en el piso... Suele emplear los mismos modales que el resto del personal del hospital para dirigirse a los más necesitados, diciéndole por ejemplo "mami" a una mujer desesperada y "madre" a una anciana muy humilde. Aunado al uso de estos dos vocablos en sentido peyorativo, el tuteo familiar e indiscriminado de los usuarios refuerza la distancia simbólica entre quien tiene la información, ella, y quienes no la tienen, los usuarios. (Al final del apartado nos detendremos en este punto, pues esta forma de expresión verbal concierne también al personal médico.)

Dentro de la categoría de personal no médico con quien los usuarios de las salas de espera interactúan está la gente de intendencia. El personal de limpieza es el de mayor precariedad debido a sus bajos salarios y el trabajo que realiza, aunque esta labor beneficie a todos. Son responsables de mantener limpias las instalaciones con propósitos sanitarios y profilácticos, aunque carezcan a veces de los insumos para llevar a cabo su labor. Estos trabajadores, cuya labor es limpiar diariamente las instalaciones hospitalarias, se enfrentan al hecho de que no están inmunes a las dificultades ligadas a la presencia permanente de familiares en la sala de espera. Se ven obligados a levantar a todas las personas dormidas. En el Hospital Manuel Gea González, por mencionar un caso, limpian ese lugar a las 2 de la mañana, por lo que despiertan a todas las personas que duermen en el piso y en los asientos, y los obligan a moverse afuera de la sala, en el frío de la noche. El personal de limpieza ha sido mencionado en varias entrevistas por estar malhumorado y mostrar un trato descortés con los pacientes que están en la sala de espera. Sus precarias condiciones laborales y su incómoda posición abajo del escalafón pueden explicar, hasta cierto punto, una conducta vindicativa para con los usuarios del hospital.

4.2. Enfermeras

Al revisar la literatura especializada sobre enfermería, identificamos que tres son los tópicos abordados: (1) la formación de las enfermeras, (2) la cuestión de género dentro del gremio, y (3) el estrés laboral al cual están sometidas. Dejaremos de lado la cuestión de la formación profesional para interesarnos particularmente en la doble implicación de la feminización de la planta laboral por lo que hace a los médicos, por un lado, y al público por el otro. Además, la cuestión del *burn out* del personal en los servicios de enfermería de Urgencias es crucial porque afecta directamente la salud de las profesionistas, así como su trato para con los pacientes y sus familiares.

En el mundo, la taza de feminización de la profesión oscila entre 76 y 95 por ciento, lo que representa un promedio de 87% en los países del continente americano (OMS, 2020: 10). Sin entrar en detalles, podemos mencionar que este fenómeno histórico de sobre-representación de las mujeres en el sector de la enfermería se debe a su papel tradicional como cuidadoras, y su subordinación jerárquica con los médicos, varones en su inmensa mayoría. La enfermera se vincula directamente con los pacientes y sus acompañantes por lo que suele mantener un contacto regular con el cuerpo de los enfermos, mediante la aplicación de gestos técnicos. En el día a día de su labor interactúa con los pacientes. Pero no solamente eso, sino que a su vez funge como interfaz entre el médico, el enfermo y la familia. Dotadas generalmente de una mayor capacidad y facilidad de comunicación que los hombres –en este caso, los médicos– las enfermeras están llamadas a preguntar a la gente hospitalizada cómo se siente, contestar sus dudas, transmitir recados y, en la medida de lo posible, atender sus diversas solicitudes. Aunque no todas las enfermeras cumplen con esta encomienda social y humanitaria, como lo veremos más adelante, son ellas quienes, en principio, están permanentemente a disposición de los enfermos. Muchas son las expectativas que tanto la institución, como los médicos y el público, tienen de ellas.

Ahora bien, la enfermería en el servicio de Urgencias de un hospital posee características específicas. El hecho de recibir nuevos pacientes las 24 hrs del día, los siete días de la semana, tiene repercusiones sobre la rotación de los turnos y el cansancio acumulado. Atender de manera continua a personas que se presentan con muy diferentes tipos de patologías, generalmente de gravedad, tiende a someter al personal de enfermería a un gran estrés. "Eso es con lo que batallo, familiares estresados que me estresan a mí más", nos confió una enfermera laborando en Urgencias en el Hospital de los Venados.[86] Si a esto se suma el número insuficiente de enfermeras en los hospitales públicos, sus bajos salarios, la presión de la jerarquía, así como la amenaza siempre latente de ser demandadas por negligencia, entonces las condiciones están reunidas para que sean sometidas a una enorme presión laboral. En este contexto, las enfermeras en los servicios de Urgencias pueden llegar a tener una actitud no ética para con los pacientes, independientemente de

---

[86] Entrevista directa con Michelle, 38 años, Hospital General del IMSS Zona 1-A Venados, 20/01/2020.

su sexo y edad (los pacientes, recordémoslo, son todos vulnerables). El testimonio de esta madre de familia es revelador al respecto:

> "Pero como la niña se doblaba del dolor y estaba gritando mucho, la encargada de las enfermeras dijo que la niña era una farsante, que era una payasa, que le gustaba hacer drama y que la niña era, ósea que eran mentiras pues... que eran mentiras lo que la niña tenía que el dolor. Y este, y entonces esa mujer nos atendió muy mal, muy mal porque siempre estuvo... A todos los doctores que llegaban a atender a la niña, les decía: a esta niña, ni le hagan caso ¡he!, le gusta hacer mucho teatro y llamar mucho la atención; así a todos los doctores y enfermeras que llegaban a atender a la niña, y yo nomás la escuchaba."[87]

Cualquier razón que haya motivado a esta enfermera para comportarse con acrimonia hacia una niña gravemente enferma, en todo caso, sus advertencias infundadas hacia el personal médico tuvieron efectos negativos para la pronta atención de la menor. Otro testimonio da cuenta de la impune indiferencia de ciertas enfermeras ante las necesidades de los pacientes.

> "Pues puras enfermeras, ahorita que ya está en piso ya la están atendiendo. Pero te digo, en Urgencias, las enfermeras, no cuentes con ellas para nada. Le decía yo a una enfermera, oye es que mi mamá... [Joaquín simula caminar sin

---

[87] Entrevista directa con Mónica, alrededor de 30 años, hija internada en el Hospital Centro Médico Nacional 20 de Noviembre, 23/11/2017.

voltear a ver a nadie]. Se seguía, ni siquiera te volteaba a ver. Le decía yo a otra enfermera, oye es que mi mamá necesita... -es que usted se lo puede cambiar, esa parte no me corresponde a mí. ¿Qué le corresponde entonces? -Pues es que eso usted lo debe de saber... -¿cómo voy a saber a quién le corresponde, dime tú?... [se ríe] Tengo un gorro de mago ¿o qué?, ¿soy adivino?

Un señor que estaba ahí al lado de mi mamá le dice a una enfermera: 'oiga páseme mi pato por favor, la esa madre para orinar'. Pues no, la enfermera ni lo volteó a ver. O sea, así de prepotentes son con la gente. Entonces yo agarro y se lo paso, no me cuesta nada... Y toda la gente aquí se queja de lo mismo, las enfermeras son prepotentes son déspotas, no te hablan, si te hablan es a la mala... No sé si sea porque les pagan poco o no sé si es porque no les gusta el trabajo, pero pues total si nos les gusta que se salgan y se vayan a vender quesadillas o no sé, otra cosa que les guste, porque si no les gusta su trabajo finalmente déjenlo, ¿no?"[88]

Este informante nos compartió su profundo rechazo por una actitud que describió como general, un *habitus* que deshumaniza a las enfermeras cuando precisamente la naturaleza de su trabajo las conlleva en respetar a las personas, ser amables y atentas. Esta indiferencia –que puede servir de máscara protectora– tiene consecuencias nefastas para los derechohabientes.

---

[88] Entrevista directa con Joaquín, 33 años, afuera del Hospital General Regional 2 del IMSS, 18/01/2020.

"Por ejemplo, no le querían cambiar el pañal, le decías a las enfermeras ¡oye mi mamá ya tiene el pañal sucio! Y te decían es que tú se lo puedes cambiar. Oye tiene rotas las costillas, tiene rotas las piernas ¿cómo la voy a manipular? ¡Prepotentes las pinches enfermeras, prepotentes hasta mas no poder! Querías buscar al director de urgencias y nunca lo encontrabas, nunca. Y cuando lo llegabas a encontrar, te decía, es que eso es con las jefas de enfermeras. Ibas a buscar a las jefas de enfermeras y jamás las encontrabas tampoco."[89]

Con este testimonio vemos cómo la mala atención a la salud puede ser encubierta y, por qué no, solapada por la jerarquía. El rechazo de atender de manera cortés y oportuna a los pacientes, la cómoda negación para escuchar sus reclamos, son conductas que derivan en la rutinización de un quehacer inapropiado en un lugar donde las personas atendidas están entre la vida y la muerte. El transferir a los familiares la responsabilidad de cambiar y lavar a sus pacientes puede ser el resultado de la imposibilidad material de realizar estas tareas para el conjunto de pacientes que tienen a cargo, pero es posible también que ciertas enfermeras hayan construido una rutina laboral cómoda articulada sobre el desdén y la despreocupación.

Empero, ellas tienen en sus manos el poder de aliviar el sufrimiento ajeno, de brindar bienestar a los pacientes, aunque fuese pasajero. Y no se trata solo de cumplir mecánicamente con los procedimientos

---

[89] Entrevista directa con Joaquín, 33 años, afuera del Hospital General Regional 2 del IMSS, 18/01/2020.

técnicos apropiados, sino de aportar un poco de tranquilidad y felicidad a quienes están a su cuidado.

> "No, las enfermeras que están adentro... ¡Hay un enfermero que se porta bien lindo! Hace que se les olvide el dolor a los pacientes, porque les hace carilla, les platica... y las otras [enfermeras] no; están con sus caras que hasta a mí me enferman porque si yo estoy sana, nada más de verles sus caras hasta uno se siente mal. Ahora, ¡imagínese a los pacientes que las tienen que ver a cada instante ahí! Pues, es complicado."[90]

Lo que nos compartió esta informante es lo fácil que es transmitir tranquilidad y confianza al público con el cual las y los enfermeros están en contacto. De hecho, la noción de servicio a los demás, debería de ser parte de los requerimientos para cursar la carrera de enfermería tal como lo planteó la pionera de la enfermería moderna Florence Nightingale, cuando estipuló que las enfermeras debían ser maternales, atentas y compasivas (Osses Paredes, Valenzuela Suazo, Sanhueza Alvarado, 2010: 2). Pero al mismo tiempo debemos comprender que los servicios de enfermería se jerarquizan en función de los diplomas y la antigüedad ganada. De manera similar a lo que sucede con el cuerpo médico, las enfermeras se distinguen entre sí según el nivel que ocupan en el escalafón, y las más jóvenes que no han terminado aún sus estudios se ven obligadas a hacer las tareas más ingratas. Existen en los servicios de enfermería conductas regulares, pero no dichas, que reproducen la dominación de estatus.

---

[90] Entrevista directa con Verónica, 32 años, Hospital General de Zona 33, 16/01/2020.

"...un letrero ahí que ya lo quitaron, a donde decían que la mitad de las enfermeras se ponían en paro porque no había medicamentos, no había soluciones, no había nada para que ellas trabajaran. Yo no sé si sigan en huelga las enfermeras. Obviamente, fueron las que ya tienen plaza, porque los que traen en friega son a los chavos, a las chavas, a los que están estudiando, son los que traen: 'haz esto', 'haz lo otro', 'haz aquello', 'atiende esto'..."[91]

El testimonio de esta persona, conocedora del universo del hospital a través de las conversaciones informales que tiene con el personal de salud, alude a dos situaciones conexas, la primera se relaciona con las carencias (de personal, incentivos, material de curación,[92] camas...) que limitan seriamente a las enfermeras para realizar sus labores, y la otra se refiere al hecho de que estas carencias afectan mucho más directamente a quienes están abajo del escalafón del servicio de enfermería. Asimismo, las condiciones externas adversas tienden a ejercer una presión constante sobre las enfermeras que laboran en los servicios de Urgencias, pero dentro de éstas, las más vulnerables son las que tienen un estatus laboral más precario. A los imperativos dictados por la jerarquía

---

[91] Entrevista directa con Laura, alrededor de 40 años, vendedora de dulces afuera del Hospital Xoco, 27/10/2017.

[92] En un estudio realizado en una unidad de terapia intensiva del hospital de Veracruz, los autores concluyeron que: "la falta de insumos es la situación que más estrés les ocasiona en su ámbito laboral, ya que el personal tiene que lidiar con los problemas que esto genera, así como tener pacientes graves o que tengan complicaciones de salud y el equipo necesario no funcione." (León Noris, *et al.*, 2017: 21)

interna del servicio de enfermería se suma el hecho de que los médicos son los que dan las órdenes.

4.3. Médicos

Con el fin de contextualizar brevemente la labor de los galenos en los servicios de Urgencias conviene recordar que los salarios de los médicos mexicanos son los más bajos dentro de los países de la OCDE. Todavía en este grupo de países, cada miembro del personal de salud en México debe atender el mayor número de individuos. Al inicio del presente libro, hemos presentado los valores estadísticos al respecto, las cuales permiten comprender la enorme presión social que los médicos deben enfrentar. En una situación de emergencia sanitaria como fue la pandemia de coronavirus (2020-2021), son ellos quienes han estado en primera línea a pesar de las carencias crónicas de medicinas, oxígeno, respiradores, equipo de protección y material de curación. "En México, hay 566 mil 875 trabajadores de la salud, de los cuales 228 mil 157 se han contagiado de Covid-19, y 61.9% son mujeres. Además, se han registrado 3 mil 471 defunciones en el personal de salud" (Llanos Guerrero, Méndez Méndez, 2021: 1). En este rubro México ocupa tristemente el primer lugar de una lista de 18 países. [93] Estas cifras oficiales –no definitivas– ilustran el peligro que el personal de salud ha tenido que sortear en el ejercicio de su labor. Al respecto, un médico urgentista dio el siguiente

___

[93] "México lidera muertes por COVID-19 en personal médico", *Líder empresarial*, 16 de febrero del 2021. Disponible en: https://www.liderempresarial.com/109520-2/ (consultado el 31/05/2021).

testimonio en su cama de hospital antes de que falleciera de Covid:

"Cuando inicié mis estudios de especialidad la vida cambió; aquella alegría de llegar temprano al hospital, atender con alegría desmedida se fue borrando por la sobrecarga laboral y las obligaciones académicas. Ya sabes, los pinches regaños, el que le caes mal al jefe o la jefa de residentes y ya valiste. Bien sabes o has escuchado que en esta formación solo triunfan los aguerridos, no los débiles. Yo, siempre he pensado que esto debe cambiar, pero a nadie le importa. Después de tres años de especialidad obtuve una plaza en área de urgencias, donde honestamente la sobrecarga laboral y la responsabilidad médica no son congruentes con el sueldo que te ofrecen; el sueldo es pésimo, las condiciones laborales son malas y el autoritarismo de los jefes hacen un ambiente muy desagradable. Esto te orilla a buscar trabajo hasta en tres lugares para ir llevando los gastos de la familia.

Además, debo comentarte que la relación entre los pacientes y nosotros cada día es más violenta. Los pacientes llegan a exigirnos cosas que no dependen de nosotros, como medicamentos, sondas, catéteres o espacio quirúrgico para su familiar. Esto es problema del hospital, es un problema administrativo, lo cual comentamos a nuestros jefes. Su contestación es ¡si no te parece, renuncia¡, ¡por eso te contrataste¡, ¡dónde está tu ética! Esto me hace pensar que solo somos trabajadores de la salud ahorcados por la institución, vigilados por consejos médicos, esclavizados por un sindicato que no nos representa; o sea, la medicina no existe aquí, ¡no puedes hacer tu profesión!..." (Casas Patiño, 2021: 53).

Estas palabras son reveladoras de lo que padecen los médicos que trabajan en Urgencias, y más ampliamente, de los médicos que laboran en los hospitales públicos. Lidian con el estrés laboral propio de su profesión, un salario insuficiente, el autoritarismo de su jerarquía y la presión de los familiares debido a las carencias del mismo hospital. En esta investigación hemos podido comprobar que, de manera general, el número de doctores es insuficiente en los servicios de Urgencias, pero esta ausencia es más notoria en unidades médicas ubicadas en zonas marginadas, los fines de semana y los días festivos. Así, una entrevistada nos reveló que en el Hospital de Tláhuac no hay médicos que atiendan por las tardes.[94] En los testimonios recabados, el tiempo de espera en Urgencias en las noches se dispara de 3 horas a más de 9. Cabe mencionar que en los horarios y días más difíciles (de noche, los fines de semana), son más visibles los pasantes que los médicos titulares.

Ahora bien, podemos rastrear estas desigualdades en una repartición inequitativa del número de médicos por mil derechohabientes según la institución de salud pública.

"Por cada mil afiliados, el Instituto Mexicano del Seguro Social (IMSS) y el Instituto de Seguridad y Servicios Sociales de los Trabajadores del Estado (ISSSTE) cuentan con 1.5 y 1.7 médicos,

---

[94] Entrevistada directa con la Sra. Sara, hijo internado en Urgencias en el Hospital de Especialidades Belisario Domínguez, 26/02/2018.

respectivamente, contra 3.0 médicos en el INSABI. El personal de enfermería por cada mil afiliados al INSABI es 1.7 veces el número de enfermeras en el IMSS. El salario de un médico especialista A del INSABI es 3 veces y 2.1 veces mayor al salario percibido en el IMSS y en el ISSSTE, respectivamente." (Llanos Guerrero, Méndez Méndez, 2021: 4)

El INSABI ha sido mejor beneficiado de la repartición presupuestal que los otros subsistemas del sector salud, lo cual ha contribuido a reproducir un sistema de salud desigual y discriminatorio. Particularmente, la distribución inequitativa del presupuesto acrecentó las dificultades laborales de médicos que ya se encontraban a cargo de un elevado número de pacientes. El testimonio de una doctora es elocuente al respecto: "No nada más el paciente, sino los familiares son los que tenemos que tratar; que son difíciles ¿sí? Porque la cantidad de personal no es suficiente. Te digo, nosotros ahorita, por ejemplo, en domingo, somos dos médicos para 106 pacientes..."[95] De ahí la importancia de un personal suficientemente numeroso e incentivado para buscar la salud y el bienestar de los enfermos.

Empero el cuerpo de los médicos es tan segmentado y jerarquizado como el de las enfermeras. En su investigación sobre la desigualdad de sueldos entre los doctores, Llanos Guerrero y Méndez Méndez (2021) mostraron que existen diferencias significativas de salario según el grado de especialidad, el nivel en el

---

[95] Entrevista directa con Aimée, 38 años, laborando en medicina interna en el Hospital General del IMSS de Zona 1-A Venados, 20/01/2020.

escalafón, así como la ubicación geográfica de la unidad hospitalaria. Los niveles jerárquicos, en acuerdo con la antigüedad y el grado de especialidad, posibilitan el ejercicio de múltiples mecanismos de poder. "... es que a los residentes los maltratan mucho los de primer nivel, los traen como si fueran de lo peor", aseveró una doctora entrevistada afuera del Hospital Xoco, cuyo hijo iba a empezar su especialidad en dicha unidad médica.[96] Esta informante conocía muy bien el lado oscuro de la jerarquía hospitalaria, y particularmente de los médicos, por ser ella misma miembro de la profesión.

Asimismo, los médicos de menor estatus son quienes padecen internamente las contrariedades de la jerarquía, y externamente la presión de los enfermos y sus familiares. Los investigadores Castro y Villanueva Lozano (2018) retoman el concepto mertoniano de "ambivalencia sociológica" para referirse a las formas de violencia que los médicos padecen, ya sea por parte de sus superiores, por la reglamentación que tienen que acatar, sus condiciones laborales, los relativos bajos salarios y las grandes responsabilidades, por las carencias materiales del hospital, así como por la presión que los enfermos y sus familiares ejercen sobre ellos bajo la forma de una exigencia permanente de información y resultados positivos. Por su parte, los médicos tienen la facultad de dar a la autoridad que poseen un carácter altanero, frío y coercitivo. Si así lo deciden, pueden mantener hacia los pacientes y sus familiares una hermética distancia, la cual constituye una violencia simbólica. En los servicios de Urgencias de los hospitales públicos de la Ciudad de México hemos notado la existencia de un *habitus* médico que se perfila

---

[96] Entrevista directa con Patricia, alrededor de 55 años, hijo médico haciendo su especialidad en el Hospital Xoco, 25/10/2017.

como una serie de conductas apuntando hacia recordar a los clientes del servicio de salud el alto estatus del galeno y también mantener una distancia con el público –distancia más o menos marcada según los casos– para protegerse emocionalmente de toda implicación personal. Puede ser también un mecanismo de defensa en caso de una carga excesiva de trabajo, como lo comenta Pritchard (1992: 88):

> "Cuando los médicos perciben que la carga de trabajo es excesiva, pueden poner barreras a la demanda: alargar el tiempo de espera para las citas; interrumpir las sesiones en horarios estrictos; mantener una alta tasa de reservas; o parecen tener prisa, todo esto fortaleciendo la creencia de que el tiempo del médico es más valioso que el del paciente, y los pacientes son una molestia."[97]

Y el antropólogo inglés de seguir con su reflexión:

> "La paradoja central es que los médicos, que se convencen de que son personas ocupadas sin tiempo suficiente, automáticamente pierden su autonomía de tiempo y la libertad que la acompaña. Al aceptar el poder de controlar el tiempo de las personas, pueden perder el control

---

[97] Traducción del autor de la siguiente citación original en inglés: "When doctors perceive that the workload is excessive, they can put up barriers to demand - lengthen the waiting time for appointments; stop sessions at strict times; maintain a high booking rate; or seem to be in hurry - all building up the belief that the doctor's time is more valuable than the patient's, and that patients are a nuisance."

de su propio tiempo, siendo éste una fuente de poder."[98] (*idem*)

Esta paradoja que, más generalmente, Bourdieu (2000: 67-71) vio como el efecto de la dominación sobre el propio dominante, otorga una seguridad precaria al médico porque está basada en el resultado social y profesional de la imposición de sus tiempos sobre él de los pacientes. Aunque universal y generador de un efecto colateral, este patrón de conducta del médico hacia el paciente suele ser acompañado de una ausencia más o menos completa de empatía. Esta carencia, explicable pero no justificable, ha sido denunciado en varias entrevistas debido a sus efectos deletéreos, mismos que ensombrecen la imagen de los galenos.

> "La verdad aquí la atención es pésima, o sea tan solo ahorita llegó un señor que no podía caminar con su esposa y el médico en lugar de ayudarle, nada más viendo... O sea, a nosotros también: trae el azúcar muy alto y en lugar de que me den un código amarillo porque le puede dar un coma diabético, me contestaron: no, no tiene importancia. Y ella ya había venido ayer con el mismo problema y tenía el azúcar todavía más alto y ayer sí la pasaron a Urgencias y ahorita no sé."[99]

---

[98] Traducción del autor de la siguiente citación original en inglés: "*The central paradox is that doctors to become convinced that they are busy people without enough time, automatically forfeit their time autonomy and the freedom that goes with it. By accepting the power of control over people's time, they may lose control of their own self time - itself a source of power.*"

[99] Entrevista directa de Carla, 27 años, madre ingresada en Urgencias del Hospital General del IMSS Zona 1-A Venados, 01/02/2020.

Debemos reconocer que varios son los testimonios que revelan un trato no digno de un doctor (ya sea hombre o mujer) en la oficina de *Triage* y los demás consultorios. So pretexto de evaluar la gravedad del padecimiento, se tiende a menospreciar las declaraciones del usuario y limitar su auscultación a la toma de la temperatura y presión, con tal de descartar la atención del más grande número de derechohabientes. Sentados detrás del escritorio capturan la información en máquinas de escribir, o computadoras a menudo obsoletas, y dedican el tiempo de "auscultación" a llenar formatos para cumplir con el protocolo del hospital. Más que el enfermo, parecen estar interesados en consignar una serie de respuestas. Este trato a los usuarios puede hacerse rutinario, porque no contraviene a las exigencias cuantitativas de la institución (horarios de atención, duración promedio de la auscultación, número de pacientes atendidos por día, etc.). No obstante, la violencia médica –cuando existe– incrementa notablemente el estado de vulnerabilidad del paciente; paciente que los doctores "estabilizan" mientras esperan los resultados de los análisis (los cuales pueden demorar mucho). Se limitan a reducir su dolor y, hasta cierto punto, a mitigar la gravedad de su traumatismo y controlar el avance de su enfermedad. El paciente se encuentra entonces en un limbo: su vida ya no corre riesgo, pero no está tratado para recobrar su salud. Mientras que por un lado la sobrepoblación de enfermos que acude en Urgencias tiende a reducir considerablemente la posibilidad de recibir una atención de calidad, por el otro no siempre existe la voluntad de parte de los médicos para comunicarse en buenos términos con los familiares, quienes suelen ser vistos como impacientes, indisciplinados, ignorantes y exigentes. Una doctora cubana, entrevistada en la Clínica del IMSS Venados, explica:

> "[Hay que] educar a la gente porque mucha gente viene por una urgencia que no es urgencia ¿no? Urgencias, en teoría, es algo que pone en peligro tu vida y a veces vienen por una uña enterrada. Pues, eso no pone en peligro la vida de nadie, pero ocupan ya el espacio y tiempo de un médico y a lo mejor un paciente que sí tiene una verdadera urgencia se tarda más su admisión."[100]

Además, la culpabilización del enfermo es un mecanismo muy común que justifica *ex ante* una atención tardada, incompleta e incluso negada. Se suele reprochar a los pacientes el no haberse cuidado o haber subestimado la gravedad de su padecimiento.

La comunicación del personal de salud con los familiares constituye un elemento cardinal de la atención a la salud. Ante la inexistencia de un intercambio regular y oportuno entre el médico y los familiares, las dudas se instalan. Y cuando las dudas tienen que ver con el estado de salud del paciente, éstas se convierten rápidamente en críticas.

> "Hay falta de información. Una doctora me dijo que mi abuelita necesita oxígeno. Entonces yo sabía que estaba enferma de los pulmones, pero no sé cómo se usa el oxígeno. ¿Cómo se hace? ¿Cuánto va a necesitar? Entonces lo que yo pedí es que me explicaran qué trámite tengo que hacer. La doctora me dijo que no necesito hacer

---

[100] Entrevista directa con Rabiela, 44 años, médico internista, Hospital General del IMSS Zona 1-A Venados, 20/01/2020.

trámite, que ella lo va a hacer. Yo llené la hoja. Luego les pregunte: ¿Cómo, quién me va a explicar? ¿Quién me va a enseñar? La doctora me contestó: Eso no se puede checar ahorita... Yo les pregunto: ya quiero dar de alta a mi abuelita, el viernes. Pero a falta de información no la saqué... Pero aquí yo siento que es falta de información de los doctores, que no se dan el tiempo para explicarle al familiar del paciente. Simplemente estoy pidiendo lo que me corresponde."[101]

Esta comunicación no es una única iniciativa del médico, sino que la misma institución diseña las condiciones de posibilidad para ofrecer noticias periódicas a los acompañantes respecto del estado de salud de sus familiares. En entrevista, el director del Hospital General de Iztapalapa mencionó que se dan reportes médicos una vez al día, a las 3 de la madrugada, "porque es un momento de menor afluencia y el personal es más disponible para dar informes"; pero personas entrevistadas en dicha unidad médica afirman que les contestan que "no está el doctor" o les ofrecen muchas excusas para no darles noticias sobre la salud de su paciente. [102] Los informantes hacen mucho hincapié en la importancia de recibir, de manera oportuna, noticias respecto de la evolución del estado de salud de su enfermo. Una entrevistada nos dijo: "Gracias a Dios, al menos a nosotros, nos han tocado buenos doctores. Nos han explicado. Nos han dicho, o sea, realmente como está la situación de mi hijo. Y, pues

---

[101] Entrevista directa con Isis, 33 años, abuela internada en Urgencias del Hospital General Zona 71 Chalco, 07/02/2020.
[102] Entrevista directa con la Sra. Inés, 55 años, hija internada en Urgencias del Hospital General de Iztapalapa, 23/03/2018.

sí." [103] Este reconocimiento genuino de una buena atención a la salud es presentado como el fruto de una voluntad celestial, de una bendición divina, porque ella reconoce implícitamente que se trata de una situación excepcional. Interesante también es la importancia dada a la comunicación de los médicos con ella, comunicación que forma parte por completo de su apreciación de la calidad de la atención a la salud de su hijo. Basándonos en nuestra observación etnográfica y el testimonio de informantes, la relación de los médicos con los acompañantes es crucial. Los familiares depositan en manos de los doctores la salud de su paciente y otorgan un gran crédito a su palabra. En el contexto de una atención en Urgencias, la palabra del personal médico es susceptible de aliviar la angustia y reducir la incertidumbre. Al respecto, cuando el Dr. Julio Frenk escribe que "el derecho a la salud está indisolublemente ligado al derecho a la información" (Donabedian, 1988: vii) tiene mucha razón, ya que la comunicación es fundamental en un hospital, pues es un lugar en el cual interactúan el personal que ahí labora, los enfermos y sus familiares.

---

[103] Entrevista directa con María Guadalupe, 48 años, hijo internado en Urgencias del Hospital Manuel Gea González, 31/11/2017.

5. EL NO-LUGAR

5.1. El espacio para esperar

La sala de espera es un espacio atípico. El primer término de esta expresión "sala" remite en realidad a un lugar en el cual convive cierto número de personas que comparten un propósito común. Antiguamente, en la entrada de las casas burguesas, a la sala le antecedía la "antesala", es decir, este espacio reducido en el cual los visitantes eran conminados a esperar mientras el anfitrión se desocupaba. También llamado "recibidor", la antesala era el lugar de llegada de las personas ajenas al hogar, el lugar donde los dueños las encontraban para, eventualmente, acompañarlas luego hasta la sala. En el ámbito de las instituciones de salud, la sala de espera es un espacio al margen, un lugar que no entra en ninguna categoría espacial conocida. Una sala para esperar es un lugar donde se congregan personas para no hacer nada, para no realizar ninguna actividad en especial. La duración de su estancia allí es incierta ya que están a merced de lo que les dice el personal de salud. "El espacio de la sala de espera se sitúa entre la consulta de médico y la entrada al centro. Constituye el punto intermedio entre la barrera administrativa de las admisiones y la búsqueda real de la resolución a una demanda (diagnóstico, tratamiento)" (Larrea Killinger, Plana Fernández, 1994). Ahí no se realizan trámites burocráticos ni tampoco se llevan a cabo auscultaciones médicas: es un *no man's land* de la administración de la salud. La sala de espera es un lugar impreciso de interacción entre el público, y entre el público y el personal que labora en el hospital.[104]

De manera general, los contornos de la sala de espera son difíciles de discernir. Es a la vez un lugar prestado, un lugar de tránsito en el cual se mezcla una población heterogénea y flotante, y también un espacio de mediación entre la institución y los usuarios de la misma. La sala de espera pertenece *stricto sensu* al dueño del inmueble, pero también a quienes hacen uso de la misma: profesionistas/empleados y público en general. Se puede dar el nombre de "sala de espera" a este espacio próximo a la entrada, porque hay personas que regularmente se presentan ahí y esperan su turno. La presencia del personal de salud que regula el flujo de pacientes y mantiene el orden recuerda las condiciones de uso de este espacio. Son personas que fungen como mediadores entre quienes se presentan para ser atendidos y quienes atienden. Validan simbólicamente el cambio de identidad de los individuos, al pasar de ciudadanos a pacientes. La sala de espera "hace" a los pacientes, los inventa gracias –entre otras cosas– a la labor informativa de los empleados. Ni totalmente privado ni totalmente público, se encuentra en los intersticios de una interacción social codificada que pone en relación dos partes. La sala de espera antes de abordar un autobús, tren o avión y la sala de espera de un profesional de la salud (médico, psicólogo, dentista...) son expresiones de este juego de ocupación espacial en el cual está, por un lado, quien provee el servicio (y por ende quien asigna el lugar donde esperar y el lugar donde no) y, por otro lado, quien lo "consume", o mejor dicho, lo usa. La sala de espera del

---

[104] Respecto de la sala de espera de Urgencias como espacio de interacción, léase: García Ibáñez (2017).

hospital es a la vez propiedad del hospital, del Estado y, al mismo tiempo, el lugar de trabajo de quienes laboran en esta área. Un no lugar como la sala de espera no se hace solo: cuenta con la anuencia, no siempre explícita, de quienes, por su trabajo, permiten que sea lo que se dice que es. El personal de la salud realiza sus labores en función de la representación colectiva e institucional de lo que es una sala de espera de urgencias. La comunicación que tienen con el público refuerza este principio que norma la conducta de los pacientes: esperar. Se trata de la manifestación de una relación contractual entre dos partes en un espacio arquitectónico dado. La oficina de admisión de la sala de espera es el lugar único, exclusivo, en el cual puede celebrarse la contratación de una atención médica urgente.

En los hospitales, y particularmente en Urgencias, la sala de espera se refiere a un espacio específico en el cual los enfermos esperan, aunque lleguen con un problema de salud posiblemente muy grave, que hasta una discapacidad duradera o la muerte les puede causar.

> "Cuando llegamos le dieron el color naranja. No dejamos que la hospitalizaran. Pensamos que se pondría bien y la llevamos de regreso a casa. Pero no mejoró. Entonces regresamos y esta vez le dieron color rojo. La internaron. Pero la tuvieron mucho tiempo sentada en la silla de ruedas y eso porque nosotros la trajimos, esa silla es nuestra. Nuestra familiar estuvo ocho días sentada en Urgencias porque no había camas..."[105]

---

[105] Entrevista directa con Isis, 33 años, abuela internada en Urgencias del Hospital General Zona 71 Chalco, 07/02/2020.

Este fragmento de entrevista muestra esta funesta paradoja de dejar a una persona mayor con problemas pulmonares esperar una semana sentada en Urgencias. La existencia misma de una sala de espera en Urgencias constituye una seria contradicción. La propia institución reconoce y asocia dos términos antagónicos "espera" y "urgencia", por lo que anticipadamente advierte a los usuarios que tendrán que esperar a pesar del estado de gravedad en el cual se encuentran. Es una expresión semántica que remite a la lentitud burocrática, a su imposibilidad ontológica de movilizar recursos humanos al mismo ritmo que se presentan los pacientes. Asimismo, las instituciones de salud reconocen implícitamente sus limitaciones y carencias. El concepto de "cero espera" no existe, ni siquiera en los estándares internacionales del *Triage*. La idea de una atención inmediata no forma parte de los principios de acción del hospital, aunque, en los hechos, puede llegar a suceder. Asimismo, la sala de espera de Urgencias es una contradicción cuando de enfermos y heridos graves estamos hablando, y esta misma contradicción nos conlleva a reflexionar sobre lo que representa ese lugar.

Para conceptualizar a la sala de espera, conviene recurrir a la expresión de "no lugar" desarrollada por Marc Augé en su obra "Los no lugares. Espacios del anonimato". El antropólogo francés describe a los no lugares como espacios que no se enmarcan dentro de la historia, ni tampoco son forjadores de una identidad. Son espacios anónimos, atemporales, creados para pasar de un lugar a otro, de un estado a otro. Para él, son espacios de tránsito que no pertenecen a nadie.

> "...un espacio que no puede definirse ni como espacio de identidad ni como relacional ni como histórico, definirá un no lugar. La

hipótesis aquí defendida es que la sobremodernidad es productora de no lugares, es decir, de espacios que no son en sí lugares antropológicos y que, contrariamente a la modernidad baudeleriana, no integran los lugares antiguos: éstos, catalogados, clasificados y promovidos a la categoría de 'lugares' de 'memoria', ocupan allí un lugar circunscripto y específico." (Augé, 1992: 81)

En estos espacios, la interacción no es necesaria ya que los mensajes institucionales anticipan las preguntas y dudas de los usuarios. Los números sobre las puertas de los consultorios, los letreros que anuncian el límite de una zona y el inicio de otra área detrás de una puerta automática, las advertencias escritas en lugares visibles que norman las conductas, todos estos mensajes construyen el no lugar. La muy frecuente repetición de indicaciones sobre cómo comportarse, es decir, las expectativas del hospital respecto de la manera cómo los familiares y pacientes deben conducirse, refuerzan el orden simbólico de los roles. En este último se crean lo que puede denominarse "solitudes masivas" en nombre de un tiempo evasivo. Se trata de un condicionamiento subliminal de los individuos para que puedan ser aptos a recibir el servicio que contrataron o el beneficio de sus aportaciones (como su cotización al Seguro Social o una póliza de seguro privado). De hecho, términos como "derechohabientes", "beneficiarios", "usuarios" e incluso "pasajeros", indican una distancia simbólica para con el ciudadano quien es capaz de emplear su libertad para expresar socialmente su identidad. Los esperandos habitan un espacio sin identidad. "Los no lugares crean la contractualidad solitaria. ¿Cómo imaginarse el análisis durkhemiano de una sala de espera de Roissy?"[106] se pregunta Augé (1992: 98).

Además, este espacio tiene la particularidad de que quien está ahí pierde la posibilidad de ejercer un control, aunque mínimo, sobre el entorno; es el entorno institucional el que lo controla. Actividades y tiempos de los esperandos están a merced de una organización distante y hasta cierto punto invisible. En el caso del hospital, éste se vuelve para los usuarios una institución compleja y oculta, llena de misterios. El público adivina la complejidad de la organización que está detrás de quienes ven, escuchan y con quienes interactúan. A medida que se acumulan los días de espera, son capaces de descubrir los disfuncionamientos internos (si los hay) y discernir mejor lo que tiene que ver con la administración del hospital y lo que compete a cada uno de los trabajadores.

La existencia de la sala de espera se vuelve manifiesta mediante letreros, audios y mensajes de texto. Si bien ha habido experiencias exitosas de divulgación de mensajes relativos al cuidado de la salud en salas de espera (Grenier, 1975; Larrea Killinger, Plana Fernández, 1994), en la época contemporánea, en los hospitales públicos de la ciudad de México, las pantallas de televisión en las salas de espera sirven casi siempre a la difusión de programas populares de canales de televisión abierta. (En contados lugares, como en la Clínica 47 del IMSS, aparece una lista acotada de los únicos pacientes que se encuentran entre la vida y la muerte. En cada línea del cuadro en pantalla para todos los enfermos se repite exactamente la misma información en cuanto a su estado de salud. El

---

[106] Roissy Charles de Gaulle es el aeropuerto internacional de Paris, uno de los más grandes de Europa.

aprendizaje de datos elementales relacionados con la salud preventiva mediante mensajes audiovisuales no está considerado –en los hospitales donde hemos estado–. El ver de manera distraída programas de entretenimiento y telenovelas (por las múltiples interrupciones sonoras que caracterizan a las salas de espera y porque suelen manipular al mismo tiempo sus celulares), tal vez otorga a los esperandos el sentimiento de adquirir un pedazo de humanidad. En el espacio de la sala de espera esta pantalla colectiva secunda las pantallas individuales de los teléfonos. Aferrarse a algo conocido, a un programa televisivo visto en casa, por ejemplo, puede coadyuvar a aliviar el dolor del anonimato, la separación para con el enfermo. Hace pasar el tiempo e, indirectamente, ver la pantalla los relaciona con los demás televidentes ocasionales presentes en su alrededor. El ver los mismos programas tiende a dar una continuidad a sus tiempos reduciendo la ruptura simbólica que marca su presencia en el hospital. Cabe agregar que en algunas pocas salas de espera hay paneles de exposición de algunos órganos del cuerpo humano hechos presumiblemente por alumnos y alumnas de secundaria. Estas cartulinas coloridas buscan quizás reconciliar al público con el ejercicio de la medicina y lo maravilloso que es el cuerpo humano. También nos tocó enterarnos, en la sala de espera del Hospital Darío Fernández del ISSSTE, de la presentación de una obra de teatro sobre la salud preventiva en el anfiteatro de dicha institución. Aunque la temporada había terminado, es dudoso que los familiares que esperan en Urgencias hayan asistido masivamente a esta obra debido a la común preocupación en torno a la suerte de su respectivo enfermo.

A raíz de nuestra observación etnográfica y entrevista con personas esperando, podemos aseverar que las salas de espera de Urgencias son "no lugares" porque no permiten la satisfacción de las necesidades elementales de los derechohabientes quienes se ven obligados a adoptar conductas de sobrevivencia para, por ejemplo, poder ir al baño, comer y dormir. Los esperandos son reducidos a comportarse como unos exiliados porque se ven forzados a habitar un lugar que no es su casa, con un mínimo de víveres y ropa, y deben convivir con personas que no son sus familiares. Han dejado de ser ciudadanos para convertirse en pacientes y acompañantes. Su estancia en el hospital es precaria, su futuro incierto. La amenaza de un desenlace trágico desmorona frecuentemente sus certezas. Surge entonces la idea de una intencionalidad detrás de esta serie de disposiciones y carencias que hacen más difícil la vida de las personas que esperan, ya que no podemos explicarlo en nombre del azar, de las coincidencias o del cumulo de contingencias. Hemos encontrado una situación similar en todas las salas de espera de los hospitales públicos en los cuales nos presentamos: se trata por lo tanto de una situación general, de un hecho institucional para parafrasear a Durkheim. Las salas de espera son espacios de tránsito entre un presente líquido –para retomar la metáfora de Bauman– y un futuro incierto. Las salas de espera de Urgencias son la expresión contemporánea de los "no lugares".

5.2. Adentro

Dentro de una construcción más grande, la sala de espera es un lugar que por lo general conforma la entrada para el público. En nuestro trabajo de campo no hemos visto dos salas de espera idénticas: todas tienen características propias. Puede parecer curioso y hasta paradójico el afirmar que cada sala de espera de Urgencias tiene una firma –un despacho de arquitectos responsable de su diseño y elaboración– y, al mismo tiempo, se observa que la función universal de estos espacios es despersonalizar a quienes lo habitan. El juego de comunicación y división de los espacios relacionados con el lugar principal privilegia siempre ciertas funcionalidades sobre otras. Los imperativos especificados por el cliente acordes con la legislación vigente, así como la cantidad de recursos disponibles, son determinantes en el diseño arquitectónico de una sala de espera. La colonia en la cual se ubica el hospital es un factor de importancia también.

Asimismo, el diseño del volumen del cuarto de espera –como de los cuartos anexos– indica una jerarquía sobre el uso de dichos espacios. La oficina del Jefe de Admisión será siempre más importante y mejor aislada que la oficina de admisión con su ventanilla abierta al público. La coexistencia de los diferentes elementos (ventanillas, consultorios, puertas, asientos, baños) remite a una distribución de lo oculto y lo visible. El uso estratégico de los materiales industriales como los tabiques y la tablaroca permite preservar la privacidad de las consultas de valoración del *Triage* y las consultas subsiguientes, cuando el empleo del vidrio autoriza ver lo que está detrás de la frontera de los diferentes espacios; hasta cierto punto, permite la comunicación de individuos en dos espacios contiguos. Pasillos y puertas sencillas o de doble abatimiento con mirillas, escaleras anchas y rampas de acceso para los camilleros, son módulos que los arquitectos ensamblan para responder a las necesidades del proveedor de servicios, en este caso el hospital. El tomar en cuenta la opinión de quienes experimentan quedarse en las salas de espera es susceptible de aportar nuevos elementos, como el testimonio de un número significativo de entrevistados quienes aseguraron que el frío se inmiscuya durante la noche porque las puertas automáticas de entrada de Urgencias se abren constantemente con el vaivén de las personas. En otros casos, el calor que no se disipa durante el día (por la inexistencia de corrientes de aire o el disfuncionamiento del aire acondicionado) incrementa el malestar de los esperandos. Estos condicionantes arquitectónicos han hecho de la sala de espera un no lugar, un lugar en el cual uno no quiere ni puede quedarse debido a que todo genera incomodidad.

Ahora bien, la sala de espera de Urgencias es un espacio que puede multiplicarse según la lógica institucional en los diferentes servicios de un hospital general. En el hospital de especialidad de La Raza, por ejemplo, existen varias salas de Urgencias: una para mujeres embarazadas, otra pediátrica y otra para el público en general. En el hospital de alta especialidad de la SEMAR, el cual destaca por ser uno de los mejores del sector público, hay dos salas de espera, ambas limpias, con mobiliario moderno y plantas decorativas; la primera para quienes no son derechohabientes y la segunda para los marinos y sus familiares. En otras instituciones de salud de la ciudad de México se impone una separación radical entre acompañantes y enfermos, como en el Hospital de los Venados, en el cual hay una sala de espera para pacientes y otra para familiares. Este aislamiento de quienes sufren enfermedades severas o graves traumatismos de sus acompañantes no solamente los vuelven más vulnerables, sino que los expone al empeoramiento de su estado debido a la frecuente carencia de personal para ayudarlos en sus desplazamientos. La superficie y disposición de las salas de espera varían según las unidades médicas; los asientos son a menudo incómodos y siempre en número insuficiente. Tan es así que los usuarios suelen reservar asientos con bolsos para edificar pequeñas "reservas egocéntricas" tales como las designó Goffman (1979: 47; 59). Incluso, los esperandos pueden buscar otras artimañas para apropiarse de un asiento.

> "Es una sala muy tranquila, aunque te diré que me han ofrecido dinero los demás acompañantes para que me salga y le dé un lugar a sus familiares, que ellos me llaman cuando digan algo de mi esposa. Pero están locos: ¿cómo voy a dejar a mi esposa sola allí adentro? Ahora sí que estaremos jodidos y lo que tú quieras, pero unidos, ¿no?"[107]

Es común ver que una parte de los derechohabientes están parados, algunos logran recostarse en las paredes, y otros acompañantes cansados suelen sentarse en el piso. Con frecuencia pueden observarse niños pequeños jugar en el piso.

La saturación del espacio tiene, entre otras consecuencias, un nivel sonoro elevado, capaz de generar molestia en personas vulnerables debido a problemas físicos y cansancio emocional. No hay privacidad. Muy pocos son quienes utilizan audífonos. Los gemidos y quejas de enfermos que sufren mientras esperan ser atendidos recuerdan a todos que se encuentren en una sala de espera de Urgencias. El volumen generalmente alto de la televisión se suma a las conversaciones de los pacientes, la voz de quienes

---

[107] Entrevista directa con René, 35 años aproximadamente, esposa internada en el Hospital General Rubén Leñero, 29/20/2017.

hablan por celular y las instrucciones dadas con un tono alto por el personal, ya sea para llamar a los pacientes por su nombre, recordar las conductas prohibidas, anunciar la hora de la visita de los enfermos en terapia intensiva o la obligación de levantarse para que se proceda a la limpieza del área. Esta "contaminación sonora" no contribuye al bienestar de los usuarios, sino todo lo contrario.

> "...el estar quedándonos una noche con el paciente es durísimo y más si te da un poco de sueño, dormirte en el piso eso es lo más fuerte para nosotros, aguantar el frío. Eso es lo más fuerte que vemos porque, pues, sí es muy duro estar allá adentro. Más para uno porque estar en el frío, dormir en el piso... ¡imagínese! Y en espera y con los niños, ¿Dónde los dejamos? Estás ahí y aquí con el niño, cuidando al niño sí, es muy duro todo eso..."[108]

Para los usuarios del servicio de Urgencias existe una diferencia fundamental entre estar atendido (y esperando) en Urgencias, y el estar hospitalizado. El paciente en Urgencias se encuentra en la planta baja del edificio, relativamente cerca de la sala de espera. Una parte de quienes ingresan entre la vida y la muerte son colocados en terapia intensiva. Para ellos el pronóstico médico es reservado, y la posibilidad de sobrevivencia desigual, sobre todo si tomamos en cuenta los riesgos adicionales debido a la contracción de enfermedades nosocomiales. Tener a su paciente en Urgencias significa para los familiares mucha preocupación respecto del diagnóstico, la gravedad del estado en el

---

[108] Entrevista directa con la Sra. Juana, 55 años, afuera del Hospital General 1-A del IMSS ("Hospital de los venados"), 01/02/2020.

cual se encuentra y la posibilidad de que salga o no con vida. En ese "no lugar" ubicado estratégicamente en la planta baja de los hospitales se juega el destino de una parte de quienes ingresan. La incertidumbre de los acompañantes se redobla por las limitaciones impuestas por la frecuencia y duración de las visitas. Esta tortura psicológica que representa para los familiares el quedarse por largos periodos de tiempo sin tener noticias ni tener la posibilidad de ver a su paciente puede terminarse de varias maneras, ya sea porque fue dado de alta, lo transfirieron a otro hospital, lo ingresaron a un servicio especializado o falleció.

Esta penúltima opción ha sido mencionada reiteradamente como un alivio por parte de informantes cuyo paciente ingresó a Urgencias en un estado muy grave. La expresión "subir a piso" escuchada un número significativo de veces da cuenta de un cambio positivo de situación tanto para la persona enferma como para los acompañantes. "Pero gracias a Dios no lo necesitó [oxígeno médico], ahora la pasaron a piso", nos confió una señora mayor al referirse a su hija con neumonía.[109] "Ya la pasaron a piso, apenas hoy", nos reveló satisfecho Carlos al quinto día de su espera fuera del hospital general Eduardo Liceaga.[110] Subir a piso significa para los derechohabientes que su paciente ha evolucionado positivamente y que va a estar mejor atendido que en Urgencias donde la falta de personal médico y el número elevado de enfermos retrasan la atención terapéutica. De hecho, las condiciones de visita de los

---

[109] Entrevista directa con Lidia, 77 años, Hospital General de Zona 53, 11/01/2020.

[110] Entrevista directa con el Sr. Carlos, alrededor de 50 años, afuera de la sala de espera del Hospital General Eduardo Liceaga, 24/01/2020.

acompañantes cambian ya que tienen menos restricciones que en Urgencias para ver a su familiar y atenderlo. La hospitalización del enfermo en un área de especialidad tiene un efecto positivo sobre lo que llamamos la "carrera de relevos". Se necesitan menos familiares para hacer guardia y estar en comunicación con el hospital. "Como ya está en piso, ya nada más me quedé yo y mi hijo. Yo relevé a su hija. Y ya yo me quedé aquí", nos dijo una señora mayor satisfecha por este cambio de situación de su enfermo.[111] Casi todos los entrevistados –mujeres en su gran mayoría– nos comentaron sobre el cambio a piso de su familiar después de varios días ya sea en la sala de espera de Urgencias, en los pasillos o bien en una cama en terapia intensiva. La expresión "subir a piso" debe ser entendida como un premio, como un avance positivo en la remisión del paciente y un mejoramiento concomitante de la atención médica. Es un premio porque no todos los enfermos y heridos tienen esa oportunidad, incluso después de varios días de estar en planta baja. "¿A piso? No, porque no hay camas, ni camillas de las que tienen... [inaudible] Todo está lleno, por lo mismo de que está bien saturado. Pero el servicio sí está un poquito mejor porque sí los están atendiendo. Aunque sea sentados, pero sí", nos dijo la Sra. Silvia en la sala de espera del Hospital General de Zona 53.[112] Esta espera prolongada en Urgencias debido a que no hay un número de camas suficientes en los diferentes pisos del hospital donde se encuentran las áreas de especialidad es una situación general propia del sector

---

[111] Entrevista directa con la Sra. Andrea, 48 años, hermana internada. Hospital Dr. Manuel Gea González, 25/10/2017.
[112] Entrevista directa con la Sra. Silvia, alrededor de 40 años, sala de espera del Hospital General de Zona 53, 20/01/2020.

de salud pública. En entrevista, una doctora del Hospital de los Venados nos comentó:

> "Pues la sala de espera no la tenemos en este piso [tercer piso]. Eso sería una pregunta yo pienso que para Urgencias. Pero, por ejemplo, aquí en este piso no hay espacio, o sea el día de hoy no hay camas vacías, entonces la gente que está en Urgencias está esperando ingresar. Entonces es como el efecto dominó... Atrás, si en Urgencias está lleno, pues los que están en espera no pueden pasar."[113]

A decir de muchos de los entrevistados, los sanitarios constituyen un tema aparte. Ingresar a Urgencias solamente para ir al baño puede convertirse en un ejercicio largo y burocrático. En algunos hospitales, quienes esperan afuera tienen la posibilidad de pedir un pase para ir al baño, dejando su credencial a los policías. Cuando no todos los sanitarios están en servicio, la cola se hace larga y el lugar se ensucia rápidamente. Grande es la incomodidad de los usuarios formados en estas filas. Durante la espera de los resultados de su paciente, también deben esperar para ir al baño. La espera se redobla. En entrevista, María del Carmen nos comentó: "Los baños están sucios. Por lo que he notado, tienen horarios y si su horario termina la gente de limpieza se va, y no piensan que hay gente que se queda toda la noche. Considero que deberían existir dos o tres turnos más para que el hospital se mantenga limpio a todas

---

[113] Entrevista directa con la Dra. Celia, 44 años, 3er. piso de Medicina Interna del Hospital General 1-A ("Los Venados"), 20/01/2020.

horas, ya que hay mucha gente. Pero no los hay, y eso perjudica el servicio."[114]

> "Tan solo los que estamos aquí en sala de espera, hay veces que ya, ora sí ya nos gana del baño y ellos nos hacen esperar un buen de tiempo. Que porque los lavan, que porque hay mucha gente, o se ponen miles de pretextos y la gente siempre está ahí. De hecho, a mí hace, como ocho días, ora sí que hasta me puse mal porque, de lo que me estuve aguantando, ya sabes, uno como mujer, infección en las vías urinarias."[115]

Afuera del Hospital General se encuentra un letrero que advierte: "No se cuenta con el servicio de sanitarios", por lo que la gente se ve obligada a estar pagando para hacer uso de baños públicos o incluso hacer sus necesidades en las vías públicas por falta de sanitarios, lo cual genera una salubridad precaria en el lugar y el riesgo de contraer alguna enfermedad. El uso del sanitario público ocasiona un gasto extra para los acompañantes de los enfermos y a su vez un malestar para ellos al no poder utilizar el sanitario del hospital, como lo señala el Sr. Carlos: "Pues lo que gastamos es en baños, porque los baños de... o sea toda la gente que está acá afuera no puede entrar a los baños porque no lo permiten, entonces pues tiene uno que ir a buscar el baño principalmente, ¿no? No es mucho, pero de a seis pesitos o cinco pesitos y a cada rato vas, si te va pegando

---

[114] Entrevista directa con María del Carmen, 59 años, Hospital General de Zona 53, 16/01/2020.
[115] Entrevista directa con Anaelia, 46 años, Hospital Gea González, 07/11/2017.

en tu economía, ¿no?" [116] En algunos hospitales los policías cobran a los usuarios externos para permitirles el acceso al sanitario de la sala de espera de Urgencias. En otros hospitales se debe sobornar a los policías de la entrada con una torta y un refresco para que los dejen pasar al sanitario, según lo cuenta María, una señora de 69 años de edad esperando afuera del Hospital Regional 2 del IMSS.[117] En otros más, como en el caso el Hospital Dr. Manuel Gea González, los policías se niegan rotundamente a dejar pasar a los familiares. Aunado a lo anterior, la ausencia generalizada de papel higiénico y jabón para lavarse las manos incrementa los riesgos de contaminación. Durante nuestro trabajo de campo en el hospital Dr. Belisario Domínguez, los plomeros que arreglaban el baño de hombres –fuera de servicio desde tiempo atrás– ensuciaban toda el área, lo cual daba un mal aspecto a la sala de espera saturada de gente esperando. Además, muy pocos son los baños que cumplen con los requerimientos normativos para facilitar el acceso de personas en silla de ruedas. En su gran mayoría, el uso de los sanitarios en las salas de Urgencias representa un problema ya sea para los enfermos o para los esperandos. En estas condiciones adversas, cada acompañante va desarrollando micro estrategias para conservar una higiene corporal aceptable, parte fundamental de su imagen en público.

> "No, el lavabo no tiene agua para que te laves las manos. Tuve que comprar mi papel de baño, un jaboncito y mi agua para las manos, porque como estaba yendo ahí pues ¿cómo?... Y luego, día y noche. Incluso le dije a mi

---

[116] Entrevista directa con Carlos, 49 años, Hospital General Eduardo Liceaga, 24/01/2020.

[117] Entrevista directa con María, 69 años, Hospital General Regional 2 del IMSS, 11/01/ 2020.

hermana, cómprate un jabón y papel de baño para ti, porque no hay cómo lavarse las manos ahí.

E2: ¿Y a usted le tocó ver que pasaran a lavar los baños? ¿O nunca lo vio?

Sí, sí los lavaban, pero había agua. Incluso una vez se quedó cerrado y nos turnamos para entrar en el baño de los hombres para poder pasar porque quedó cerrado el baño de las mujeres."[118]

Este testimonio muestra la molestia de una acompañante muy preocupada por el estado de salud de su hermano sedado a causa de un problema hepático grave y que además debe enfrentar una serie de dificultades prácticas en su estancia en la sala de espera.

Muchas fueron las quejas de la gente entrevistada respecto del acceso a los sanitarios y la limpieza de la sala de espera. Las personas con una opinión desfavorable fueron la gran mayoría. Sin embargo, es menester señalar que en un mismo sitio de observación las opiniones recabadas fueron radicalmente diferentes. Nos tocó ser testigo ocular del estado de suciedad deplorable de los baños, y escuchar a entrevistado(a)s quienes nos aseguraban que estaban limpios o, por lo menos, más limpios que otros de una clínica en la cual habían estado. Una entrevistada defendió la ejemplaridad de la atención en un hospital en el cual eran visibles los estragos provocados por los disfuncionamientos organizacionales y las carencias de recursos humanos y materiales. "Sí, está bien acondicionado. Pero no está limpio porque nosotros

---

[118] Entrevista directa con Fabiola, Hospital Gea González, 27/11/2017.

mismos somos muy puercos. Una señora que estaba aquí adentro, por ejemplo, compra un garrafón de agua y si está fría, se está escurriendo, y ¿qué pasa? Qué pasa gente y se hace lodo..."[119] Es cierto que la masificación del uso de sanitarios, en número siempre reducido, conlleva a problemas acumulativos de disfuncionamientos y falta de higiene. Si a esto se suma una sola limpieza diaria del piso, las condiciones están reunidas para transformar las salas de espera de Urgencias en espacios sucios y contaminados.

En otro tenor, el mobiliario fomenta una estancia corta de los familiares. La sobrepoblación de personas (sanas y enfermas) aunada a un número reducido de baños y la ausencia de bebederos de agua potable y botes de basura, limitan los efectos higiénicos del aseo cotidiano, lo cual, de cierta forma, tiene un efecto sobre las condiciones de espera y la salud de los derechohabientes. Llama mucho la atención de que los dos elementos antes señalados (bebederos y botes de basura) no estén presentes en ninguna de las catorce unidades médicas en las cuales se realizaron observaciones etnográficas, ni que los entrevistados hayan hecho mención de ellos.[120] Tal vez podríamos explicar su ausencia debido a un presupuesto exiguo, aunque varios elementos invalidan esta hipótesis. Tampoco se han observado distribuidores automáticos de bebidas y alimentos industriales. La presencia de una tienda de alimentos dentro de las instalaciones es un

---

[119] Entrevista directa con Luciana, 46 años, hija internada en el Hospital de Iztapalapa, 28/03/2018.

[120] El hecho de que los entrevistados, hombres y mujeres, no hayan mencionado la ausencia de bebedores de agua se debe, muy posiblemente, al hecho de que este dispositivo es ausente en casi todos los espacios públicos e incluso en gran parte de los centros escolares del país.

hecho aislado, por lo que la gente tiene la obligación, casi siempre, de traer su lunch a la sala de espera, o bien, de salir a comer a la calle. Cuando hay una pequeña tienda dentro de la sala de espera, los entrevistados nos han señalado reiteradamente que la comida es cara y de mala calidad. En todo caso, el hecho de tener que comer en condiciones precarias, sin una mesa para recargarse, refuerza el sentimiento de incomodidad.

Aunque varía el número de personas presentes en las salas de espera de Urgencias, ya que son más numerosas de día que de noche, más numerosas el sábado y el domingo que entre semana, de manera general este lugar se caracteriza por el hacinamiento de los derechohabientes. Si bien hay excepciones dentro del sector público –como el Hospital Naval de Alta Especialidad–, los hospitales del ISSSTE, del IMSS y del INSABI reciben mucho más pacientes de los que pueden atender. Las salas de espera se asemejan a lugares de confinamiento. Afuera de la entrada de Urgencias (cuando no hay servicios de urgencias especializados) y dentro de las salas de espera muy a menudo se congrega una gran cantidad de hombres y mujeres a la expectativa de una respuesta por parte del personal médico. La falta de recursos humanos explica esta situación,[121] así como el hecho de que las familias se movilizan para acompañar a Urgencias a la persona enferma o herida. Pero es menester agregar a estas consideraciones de orden institucional y organizacional, el tamaño reducido de las salas de espera (salvo excepciones) tiene como consecuencia el

---

[121] El mismo presidente de México reconoció que en el país hace falta 123 mil médicos para alcanzar los estándares internacionales. *El Financiero*, 13/07/2019. Disponible en: https://www.elfinanciero.com.mx/nacional/a-mexico-le-hacen-falta-123-mil-medicos-asegura-amlo (consultado el 15/09/2021).

hacinamiento de los esperandos. Imperativos arquitectónicos y presupuestarios pueden explicar esta decisión de limitar las dimensiones de las salas de espera, pero no debe perderse de vista que un lugar en el cual siempre hay gente es un lugar solicitado, un lugar donde el personal trabaja de día y de noche, todos los días de la semana. En otras palabras, la presencia multitudinaria de "clientes" en los hospitales públicos sirve de indicador de que supuestamente el "servicio" ofertado es efectivo y siempre habrá personal para otorgárselo.

> "La presencia de una sala de espera, en caso de que esté vacía, cuestiona también la actividad propia del personal sanitario. Sin usuarios no hay asistencia. Así, una sala vacía puede ser valorada peor que una sala llena, dado que cuestiona el trabajo del equipo profesional del centro de salud, así como la racionalización del nuevo modelo sanitario. Cabe tener en cuenta que la institución prevé y configura la espera a través de la construcción de las salas. Puede reducir la espera, eso sí, pero eliminarla sería reformular la misma burocracia" (Larrea Killinger, Plana Fernández, 1994: 68).

La producción institucional de una población cautiva cuya congregación en un solo lugar hace manifiesta la realidad de la atención brindada, justifica la existencia misma del servicio de Urgencias. La funcionalidad de un servicio de Urgencias y el "rendimiento" de cada médico, se mide por el número de pacientes atendidos por turno. La presencia prolongada de los pacientes en la sala de espera es, ciertamente, un efecto colateral de esta voluntad no dicha de mostrar el renombre de la institución y de la atención brindad ahí.

> "Esta última ventaja se manifiesta sobre todo en la práctica generalizada (especialmente común entre los médicos con muchos seguidores) de sobre programar dos o más citas a intervalos muy estrechos para asegurarse de que los posibles retrasos de los clientes, o una racha de servicios rápidos, no dejen al servidor con tiempo ocioso." [122] (Schwartz, 1974: 845)

En el caso de un hospital en el cual nadie acudiría a Urgencias, este servicio rápidamente desaparecería. Para existir, necesita pacientes. Para mantenerse, necesita que haya gente esperando; de ahí, la solicitud de que por lo menos se quede un familiar presente las 24hrs. Puede aseverarse que la coexistencia de muchas personas en las salas de espera de urgencias y en los alrededores de las entradas de los hospitales es, quizás, producto de una voluntad institucional para demostrar la importancia de la labor realizada y, por ende, para solicitar más recursos para operar el año siguiente. La población flotante de los esperandos llega a servir como justificación para las autoridades para que éstas puedan solicitar recursos con el fin de asegurar el manteniendo de dicha unidad y, eventualmente, contratar más personal. Asimismo, lo que aparece a primera vista como un disfuncionamiento del hospital y el resultado de un cúmulo de carencias, puede ser visto también

---

[122] Traducción del autor de la siguiente citación original en inglés: *"The latter advantage is most conspicuously instanced by the widespread practice (particularly common among physicians with a large following) of overscheduling setting up two or more appointments at very narrow intervals in order to ensure that possible delays on the part of clients, or a run of quick services, will not leave the server with idle time."*

como el efecto inducido de una política institucional para mantener constantemente a una población cautiva de "consumidores" de los servicios médicos. Entonces, por un lado, las autoridades hospitalarias se aprovechan de un número elevado de personas atendidas para solicitar más recursos, pero, por el otro, el personal médico y paramédico selecciona de forma drástica a los pacientes para cumplir con los objetivos institucionales.

La incomodidad del mobiliario de las salas de espera puede interpretarse como una voluntad institucional para evitar que los usuarios tomen posesión del lugar. De esta forma se obliga a una alta rotación de los sujetos que esperan.

5.3. Afuera

No todos los familiares pueden ingresar a la sala de espera, debido a la regla de "un solo familiar por paciente". Asimismo, muchos son quienes se ven obligados a esperar fuera de este espacio exclusivo. Algunos familiares –hombres por lo general– optan voluntariamente por quedarse al exterior para estar libres de los efectos del aglomeramiento y de las reglas de ocupación del lugar. Pero la gran mayoría está afuera porque no ha tenido la posibilidad de entrar. La presencia rotativa de los acompañantes en los pasillos, estacionamientos para ambulancias o en las banquetas permite, hasta cierto punto, mitigar los efectos negativos del hacinamiento. Quienes esperan a la intemperie padecen las inclemencias del tiempo y además suelen correr riesgos por su seguridad. Por ejemplo, la sala de espera de urgencias del hospital Gral. Ignacio Zaragoza, en la alcaldía de Iztapalapa, se encuentra al aire libre. Para la gente que está ahí día y noche es una espera difícil por los cambios de temperatura, factor que propicia que los familiares se enfermen. Pero eso sí, pueden fumar y hablar libremente por teléfono sin importunar a nadie.

Afuera de casi todos los hospitales públicos acampan familiares, ya sea en tiendas de campaña o bien al abrigo de sombrillas de playa acomodadas con lonas improvisadas. No es raro ver a personas que duermen en la banqueta envueltas en una cobija. A la insalubridad de las banquetas y los parques con la frecuente presencia de ratas y cucarachas se suma la inclemencia del tiempo y la presencia de maleantes. Durante la noche, padecer frío o lluvia afecta la salud de quienes esperan.

> "Sí, hay muchos enfermos. La verdad uno no se sale a la calle por la inseguridad que existe en esta zona, ya que considero peligroso estar deambulando en la calle esperando un paciente aparte de que hace mucho frio y también afecta nuestra salud."[123]

Las condiciones muy precarias de su estadía a la intemperie desmoronan su integridad como persona. Algunos informantes nos contaron que, debido a la inseguridad, no se atreven a ir a una tienda de abarrotes en la noche, tienda que se encuentra a solo dos cuadras de la entrada de Urgencias del hospital.

Durante una entrevista afuera del Hospital General de Zona 53, un hombre intervino en la conversación cuando abordamos el tema de la inseguridad, para reportar que vio cómo una persona

---

[123] Entrevista directa con la Sra. María Teresa, 60 años, afuera del Hospital general de Zona 53, 11/02/2020.

que salía del hospital fue asaltada justo afuera de las rejas. Hay hospitales de la Ciudad de México cuyas inmediaciones son más peligrosas que otras, como es el caso del hospital de Iztapalapa y el hospital de Xoco. Al respecto, la señora Juliana nos confió:

> "Por ejemplo, un chavo de 19 años lo asaltaron. Se puso en contra por su teléfono celular y es el que mantiene a su abuelita y se mantiene a él. Su abuelita se sentaba aquí a platicar conmigo. Ese chavo, le dieron 3 disparos en la pierna, en la mano y creo que en el ombligo. Total, que él requería como de 5 mil pesos para que lo operaran, para que le pusieran todo y dice la abuelita, 'si no tengo ni para comer'."[124]

Esta situación de inseguridad dificulta aún más el proceso de espera de los familiares. Esperar afuera del hospital resulta ser mucho más complicado en la noche que en el día porque es el periodo durante el cual el cuerpo necesita descansar. Al encontrar un reposo parcial debido a un sueño entrecortado y el cuerpo doblado, los familiares se desgastan conforme pasan los días. No solamente se cansan cuando se prolonga esta espera fuera de Urgencias, sino que son susceptibles de enfermarse.

Cabe recordar que durante la pandemia quienes esperaban afuera de los hospitales, y también en las salas de espera, estaban amenazados por contagiarse con la Covid-19.[125] A las dificultades que viven como

---

[124] Entrevista directa con la Sra. Juliana, afuera del Hospital Xoco, 27/10/2020.
[125] Pradilla, A. (2020), "Familiares de pacientes con COVID duermen a la intemperie en espera de noticias", en *Animal político*, 12 de junio. Disponible en:

acompañantes se agrega el riesgo de contraer enfermedades infecciosas. Se ha multiplicado el número de acompañantes afuera de Urgencias de los hospitales debido a que los responsables impusieron nuevas medidas para reducir aún más el número de personas que pueden quedarse en la sala de espera. La designación provisional de áreas de aislamiento para pacientes con sospecha de Covid en Urgencias de los hospitales públicos, o incluso afuera de éstos, buscó limitar el riesgo de contagio. Ejemplo de esto es la habilitación de la explanada del Parque de los Venados como "sala" de espera y lugar de pre-selección de los pacientes con el fin de aislar los casos probables de coronavirus. Las condiciones sanitarias e higiénicas de espera en la calle no permiten a estos grupos de familiares emplear siempre las medidas de distanciamiento social. La espera de día y de noche afuera del hospital presenta una serie de dificultades, incluso cuando encuentran la forma de dormir en la misma banqueta.

Al respecto, puede citarse el testimonio de María, mencionado por Bellamy y Castro (2019: 125), quien llevó a su mamá de 67 años a Urgencias porque se había golpeado la cabeza. Esperó tres días en la sala de espera con ella hasta que fue atendida. Mientras, afuera del hospital, cinco familiares suyos "vivían" –según el término de la propia entrevistada– en una camioneta para no gastar en pasaje. Se turnaban durante las guardias diurnas, nocturnas y para comer. Su vehículo pasó de ser un medio de transporte a fungir como cuarto y comedor. Aunque improvisado y precario, este "albergue" rodante los protegía de las inclemencias del

---

https://www.animalpolitico.com/2020/06/familiares-pacientes-covid-espera-noticias/ (consultado el 12/09/2020).

tiempo. Afuera de ciertos hospitales patrullan franeleros que cobran por cada vehículo estacionado en la calle, amenazando a los conductores que se resisten a pagar. Es una forma de extorsión muy común que ha sido combatida por las autoridades de ciertas alcaldías con la instalación de parquímetros. Pero no todos los esperandos cuentan con un vehículo propio. Algunos acompañantes que vienen de provincia solicitan el apoyo de parientes que moran en la capital para hospedarse, aunque generalmente se sientan con la obligación moral de estar presentes en el hospital las 24 horas.

Para los familiares de pacientes graves internados por un largo periodo en hospitales de especialidad de la Ciudad de México y que no cuentan con recursos para ir al hotel o rentar un cuarto, existen asociaciones como "Por un hogar", "FYADENMAC" y la "Red contra el cáncer", que proporcionan albergue con condiciones ventajosas de alojamiento.[126]

En suma, el espacio de afuera (de la sala de espera) es un espacio múltiple y abierto. Puede ser cualquier pasillo, el estacionamiento de ambulancias, fuera de las rejas de entrada del hospital, la banqueta, un camellón o un parque. Es el espacio público que bordea la entrada de la sala de espera. Poder sentarse es una comodidad que muchos acompañantes anhelan. A veces consiguen un reducido espacio para sentarse en las escaleras de entrada o el estacionamiento de las ambulancias. Así que el afuera de la sala de espera no

---

[126] Esta lista no es exhaustiva debido a que las actividades altruistas de la Sociedad Civil se van enfocando en un hospital específico o para familiares que provienen de una determinada entidad federativa.

Léase: Varela Huerta, I. (2011), "Acompañantes de pacientes son recibidos en tres albergues", en *La Jornada*, 26 de diciembre.

siempre corresponde al afuera del hospital y, en este intervalo entre la entrada y la sala de espera de Urgencias, se suele constituir un *no man's land* de la espera. Los acompañantes esperan sin siempre ser considerados como tales porque en Admisión se registran los datos de un solo familiar por paciente. Según los casos pueden estar presentes también enfermos en camillas, sillas y hasta sentados en el piso. En este *no man's land* de la espera, pacientes, acompañantes y guardias suelen convivir. Los casos comprobados de infección dentro de los hospitales (como el de La Raza, por ejemplo) han demostrado no solamente el colapso del sistema de salud sino, para lo que nos concierne, la porosidad de las fronteras entre enfermos y sanos, entre el adentro y afuera de la sala de espera.

CONSIDERACIONES FINALES

Esta investigación ha mostrado que el hospital es una institución cuyo poder se expresa, entre otros, en determinar quién es sano, quién está enfermo, quién lo está gravemente y quién no. "Esta estructura vertical, al confluir en el paciente, supuesto beneficiario de la institución, produce un fenómeno que podríamos denominar 'inversión de la relación de servicio'. En un primer momento, el hospital se postula al servicio del enfermo, en un segundo momento es el paciente quien se encuentra a disposición del hospital" (Marta Crivos, 1988: 136). Este punto es de fundamental importancia, pues al ingresar al hospital ya sea vía Urgencias o en consulta externa, la persona enferma se ve reubicada en la categoría de los "pacientes". En el presente estudio hemos visto las consecuencias que conlleva esta asignación institucional de una categoría cuyos integrantes, en principio, se benefician de la atención del cuerpo médico y, en su caso, del material especializado disponible en el hospital. El paciente tiene los derechos que le confiere la fracción XVI del artículo 73 de la Constitución pero, sobre todo tiene las obligaciones propias de su condición de enfermo tratado en una unidad médica. (Una de las tareas de los Avales ciudadanos es precisamente la de recordar a las personas hospitalizadas todas sus obligaciones.) [127] Convertirse en paciente es aceptar una despersonalización que despoja a hombres y mujeres

---

[127] Los Avales ciudadanos son personas u organización civil con representación social, prestigio y credibilidad entre la población, facultada para visitar unidades de salud y avalar las acciones en favor del trato digno que en ellas se llevan a cabo. (Según la página oficial de la Secretaría de Salud)

de su identidad. Para los administrativos son un número de expediente y en el mejor de los casos un apellido. Para los médicos y enfermeras los pacientes se distinguen entre sí por el número de cuarto, número de cama, o bien, por su patología. En Urgencias y en los demás servicios hospitalarios dejan de ser quienes eran antes de ser atendidos. Al recibir un tratamiento médico y quirúrgico, aceptan desaparecer detrás de un número o una enfermedad. Es una "muerte civil". Esta deshumanización cuyas expresiones varían de un hospital al otro, de un servicio al otro, no deja de afectar la integridad psicológica del enfermo quien suele desarrollar mecanismos ocultos para resistir a esta denegación institucional de su existencia, como por ejemplo el no poder mantener una relación estrecha con sus familiares.

Ahora bien, el tiempo de espera es una variable fundamental para entender la experiencia de los familiares de enfermos que ingresan a Urgencias y, de manera más amplia, de quienes acuden a las unidades médicas del sector público.[128] La duración, a menudo larga e incierta, de la espera de los acompañantes en hospitales públicos de la Ciudad de México es una causa

---

[128] Esta aseveración ha sido verificada durante la pandemia de Covid (2020-2021) ya que esta sucesión de esperas por parte de los enfermos y familiares ha tenido frecuentemente consecuencias catastróficas: esperar para ser diagnosticado, esperar para ser atendido, esperar para ser ingresado, para recibir oxígeno, esperar para recibir la noticia de defunción e incluso esperar hasta 8 días para cremar al cuerpo del difunto. *El Universal*, "En México hay que esperar hasta ocho días para cremar a víctimas del Covid-19", 03/02/72021. Disponible en: https://www.eluniversal.com.mx/nacion/en-mexico-hay-que-esperar-hasta-8-dias-para-cremar-victimas-del-covid-19 (consultado el 24/05/2021).

mayor de angustia y desesperación.[129] Viven en una incertidumbre total. No saben si su enfermo saldrá con vida ni cuándo estará dado de alta. Si bien por un lado existe una dificultad propia de la ciencia médica para pronosticar la evolución del estado de salud de los pacientes (muchos de ellos contraen incluso enfermedades nosocomiales durante su estancia en el hospital), por el otro, los testimonios recabados arrojan una atención de regular a deficiente para quienes se presentan al servicio de Urgencias; un número reducido de médicos; la carencia de material especializado (o de suficientes equipos funcionando), así como una falta generalizada de camas disponibles; factores todos que alargan la estancia de los enfermos y sus familiares, perjudicándolos. En cuanto a la comunicación del personal médico con las familias es frecuentemente esporádica (cuando no es nula), lo cual contribuye a incrementar la vulnerabilidad de las personas que esperan, siendo en su inmensa mayoría derechohabientes del ISSSTE y del INSABI (antes Seguro Popular) pertenecientes a los sectores medios y bajos de la sociedad. En una mejor situación se encuentran los hospitales de especialidades de tercer nivel que reciben a pacientes de toda la República; pacientes recomendados cuya estancia es, por lo general, de larga duración.

Pudimos notar en las entrevistas que las personas decían: "pertenezco al hospital tal", "la clínica equis que nos corresponde". Manifestaban, asimismo, la

---

[129] Sería interesante comprobar, en otro estudio, que en los hospitales privados hay mucho menos afluencia en las salas de Urgencias que en los hospitales públicos, que después de pasar a caja la atención es generalmente rápida, y luego los familiares no tienen la obligación de quedarse a esperar las 24hrs porque les pueden llamar por teléfono para comunicarse con ellos.

idea de una pertenencia a una unidad médica; idea derivada de la asignación institucional de la misma con base en una división territorial arbitraria. Algunos entrevistados se quejaron por esta asignación arbitraria que no siempre corresponde a la distancia más corta para con su domicilio y que, además los limita para ser atendidos en un hospital público de mejor reputación. Más pronunciado aún, es la relación que tienen con la persona hospitalizada, refiriéndose a ella como "mi paciente", o bien, "nuestro enfermo". En este caso, recalcan el vínculo consanguíneo y afectivo que los relaciona con dicho sujeto. Los acompañantes asumen la total responsabilidad (incluso si se turnan) de representarlo, recibir informes médicos y comprar lo que se les pide en su beneficio, ya sean artículos de higiene personal o insumos terapéuticos. Frente a esta doble marca de posesión (pertenecen a una unidad médica, pero el enfermo también les pertenece) se refieren frecuentemente al "médico que nos tocó". Algunos de los entrevistados suelen expresarse respecto del buen trato recibido como: "me ha ido bien", "tuve suerte" y "tal vez fue coincidencia". Señalan asimismo una designación azarosa de la calidad del trato como una fatalidad del destino. Salvo algunos casos, los entrevistados no calificaron bien o mal al hospital en su conjunto, sino que se limitaron a expresarse en función de la situación vivida en el momento de la entrevista. Incluso quienes tuvieron experiencias previas como acompañantes en el mismo servicio de Urgencias reconocieron diferencias de trato según el médico y las enfermeras que les habían "tocado", lo que da cuenta de la incertidumbre de la que son sujetos y la vulnerabilidad que contrae dicha situación. En su gran mayoría, los informantes sobrevaloraron una comunicación oportuna del estado de salud de su enfermo, así como el trato humano del personal hacia los usuarios del hospital.

Ahora bien, no es falso afirmar que la relación entre el personal del hospital y los familiares es una relación de poder mediatizada por la institución, en la cual cada parte desarrolla una serie de estrategias para reivindicar su rol respectivo y defender sus intereses. Enfermos y acompañantes tienen la expectativa de una atención rápida y eficiente, así como de recibir un buen trato por parte de los trabajadores del sector salud, mientras que estos últimos esperan de los usuarios pasividad. Al respecto, la investigadora Marta Crivos escribe:

> "La estructura vertical de la organización del hospital confluye en el paciente. Este se halla sometido a las decisiones que emanan de todos los grupos del personal. Tanto para la administración del hospital como para el sector médico y para-médico, el paciente debe ser fundamentalmente **pasivo** para garantizar su adaptación a condiciones preestablecidas". (1988: 134)

En efecto, la expectativa de médicos y enfermeras es tratar con pacientes disciplinados, es decir enfermos cooperativos, abnegados y, sobre todo, pacientes. Un usuario impaciente es un individuo cuya conducta trastoca las reglas no dichas de conducta poniendo en peligro la asignación diferenciada de roles. El paciente debe someterse forzosamente al poder de la institución y del personal que labora en el hospital. Es lo que expresa Ronald Frankenberg cuando escribe:

> "Para mantener el órden social y restaurar el orden natural, los pacientes son trasladados de sus temporalidades normales a un espacio

donde se les puede imponer la visión temporal de los demás. Esto no es incidental sino parte integral del modus operandi de la biomedecina como se practica en la actualidad, de ahí mi sugerencia de trágica inevitabilidad."[130] (1992: 25)

Esta aseveración del antropólogo británico es pertinente en el sentido de que imponer al paciente (y sus acompañantes) una nueva rutina dictada por imperativos médicos y burocráticos, permite al hospital tomar el control del paciente. Se está esperando del paciente una comprensión complaciente de su posición de "dominado" durante el periodo que dura su hospitalización. Este sometimiento conlleva rasgos culturales cuando se trata de una persona de escasos recursos que mora en zonas rurales pobres o de condición indígena. Al respecto, Langdon y Wilk escriben:

> "Es usual afirmar que un 'buen paciente' es aquel que 'posee cultura', cultura suficiente para comprender y seguir las orientaciones y cuidados transmitidos por el médico o enfermero. Este tipo de paciente es contrastado con el 'sin cultura', considerado un paciente más 'difícil', que actúa equivocadamente por 'ignorancia' o guiado por 'supersticiones'." (2010: 178)

---

[130] Traducción del autor de la siguiente citación original en inglés: *"In order to maintain social order and restore natural order, patients are removed from their normal temporalities to a space where the time view of others can be imposed upon them. This is not incidental to, but an integral part of, the modus operandi of biomedecine as at present practised, hence my suggestion of tragic inevitability."*

El paciente y sus familiares pueden quejarse e incluso demandar a una enfermera o un doctor por negligencia médica, pero, por su parte, los miembros de la institución pueden dar un mal trato a los quejosos e incluso negarles toda atención médica. Lo que está en juego en esta relación de poder –que se verifica con la presencia (a la vez obligada, necesaria y voluntaria) de los familiares en la sala de espera de Urgencias–, es el control de la calidad del servicio. Y no se trata de cualquier servicio, ya que es una intervención médica urgente que a menudo suele decidir la vida o la muerte del paciente.

En la presente investigación, hicimos mención de los juegos de poder que se manifiestan sobre la base de la jerarquía laboral. En efecto, existe a la vez una fuerte segmentación de las actividades desempeñadas por el personal y una marcada jerarquización de las unidades laborales. Los policías de entrada y los médicos han sido los más mencionados por los entrevistados, tal vez porque ambos representan una autoridad y, en su respectivo ámbito, tienen el poder de decir sí o no. Esta división interna de las tareas y responsabilidades impone a cada grupo de trabajadores (médicos, enfermeras, paramédicos, personal administrativo, policías y personal de limpieza) diferentes exigencias, las cuales los posicionan doblemente frente a los demás trabajadores y frente a los usuarios del hospital. La compleja relación que se teje entre estos grupos, articulada sobre la base de una dependencia mutua, ejerce una influencia desigual, positiva o negativa, leve o significativa –según los casos– sobre todos aquellos que laboran bajo presión en un servicio de urgencias. Las limitaciones de toda índole (humanas, de infraestructura, de mobiliario e insumos) incrementan aún más esta presión. El personal busca entonces paliativos. Varios testimonios señalan que con frecuencia están fuera de su oficina, consultorio o se encuentran platicando entre ellos, tomando café mientras los enfermos esperan en condiciones deplorables.

El tiempo de espera remite a las condiciones de esta misma espera. Al respecto, hemos sido testigos del hacinamiento de los enfermos en los pasillos, sentados en sillas de rueda, en sillas ordinarias e incluso acostados en el piso. Los testimonios recabados confirman la precariedad de la espera de los pacientes en hospitales públicos, debido al número insuficiente de camas. Esta situación tiene como consecuencia una gestión fría y deshumanizada de los solicitantes de ayuda. En cuanto a la sala de espera, pudimos notar grandes diferencias según las unidades médicas: desde su inexistencia hasta su "demultiplicación" en la planta baja del hospital y afuera del mismo; desde un espacio muy reducido hasta salas de espera que ocupan una amplia superficie. En todo caso, consideramos a estos espacios como "no lugares", debido a sus características de ubicuidad, ocupación permanente por una población flotante y áreas en donde un solo familiar de cada paciente espera. Aunque se turnan, los acompañantes acumulan horas, días e incluso semanas en no hacer otra cosa que esperar. Huelga decir que las condiciones materiales de espera influyen sobre el estado de ánimo y el cansancio físico de los acompañantes.

Asimismo, es menester recalcar la dura prueba que constituye para los acompañantes el esperar un tiempo indeterminado y en condiciones precarias en una sala de espera o, peor aún, afuera del hospital. Con voluntad y sensibilidad, podría mejorarse de forma significativa la atención del público, si se va más allá del sistema *Triage* al tomar en cuenta las necesidades concretas de la población derechohabiente. Las tragedias vividas por enfermos y acompañantes nos dicen que los causantes no son únicamente las carencias hospitalarias, numerosas y perjudiciales, sino también el exceso de burocratización de los trámites administrativos y médicos. El buen funcionamiento de las unidades médicas es la base para una atención idónea de los pacientes. La movilización de todos los recursos para dar un trato humano a los usuarios de los hospitales públicos cambiaría ciertamente el destino de muchas vidas.

Finalmente, aparece necesario enmarcar los resultados encontrados en este estudio sobre el tiempo de espera en el marco más amplio de los disfuncionamientos del sector público de salud. En efecto, no podemos descontextualizar los usos perjudiciales del tiempo administrativo-médico como la negación de la atención, la demora, la atención inoportuna y el alta hospitalaria anticipada.

> "La situación del sector salud en México, la cual es crítica, puesto que no hay los insumos suficientes ni el personal para atender la demanda de servicios de la población. Cada día son más comunes las frases del tipo 'no hay su medicamento pero, ahí está su receta', 'no hay citas hasta el año que entra', 'no hay especialista, nosotros le llamaremos cuando lo tengamos', 'no hay rayos X', 'no hay laboratorio', 'no hay quirófano disponible', 'no hay lugar en esta sala donde pongamos a su familiar, si gusta esperar', 'no hay, no hay'... Estas frases son testigo fiel de la alarmante carencia en los diferentes niveles de las instituciones de salud." (Casas Patiño, Rodríguez Torres, Casas Patiño, 2015: 1).

Las situaciones antes enlistadas exponen la respuesta que comúnmente se da a los usuarios ante cada carencia. Se trata de sentencias concisas aprendidas, verdaderos refranes que no dan una solución aceptable a nadie. Los problemas administrativos, financieros y organizacionales en el sector de la salud pública y particularmente en el funcionamiento de los servicios de urgencias de los hospitales, son demasiado numerosos para ser detallados aquí. Frente a los estragos que causó la pandemia de coronavirus, la sociedad mexicana se ha dado cuenta de los disfuncionamientos del sector salud. Los hospitales públicos no pudieron responder al enorme flujo de enfermos, por lo que las autoridades recomendaron a las personas con presuntamente infectadas quedarse aislados en su casa. La solidaridad familiar y la convivialidad que caracterizan a la sociedad mexicana, las cuales se verifican en la relación pacientes-acompañantes, fue parcialmente trastornada por el alto riesgo de contagio. El acceso a las salas de espera se volvió más estricto; las visitas de los familiares restringidas y las condiciones de espera a la intemperie más precarias aún. Esta situación excepcional mostró los límites de la biomedicina y las virtudes sanitarias del autocuidado.

La saturación de los servicios de Urgencia puede verse también como un efecto colateral de la hegemonía del modelo biomédico que postula una dependencia de los sujetos para con el sistema de salud. Esta dependencia se manifiesta de múltiples formas (ser derechohabiente, poseer un carnet, ser citado periódicamente a consulta externa sin estar enfermo, solicitar días de incapacidad, etc.), por lo que esta pertenencia institucional forma parte de la vida cotidiana, como lo hemos comentado anteriormente. Menéndez (1998, 2003) destacó la relación de la biomedicina con el autocuidado y la automedicación entre otros. Una mayor participación de los sujetos en el cuidado de su propia salud permitiría reducir el número de solicitudes de atención en Urgencias por infecciones y enfermedades crónico-degenerativas. Esta idea la había expresado Iván Illich, décadas atrás, en su obra Némesis médica: "La sociedad que pueda reducir al mínimo la intervención profesional proporcionará las mejores condiciones para la salud. Cuanto mayor sea el potencial de adaptación autónoma a uno mismo, a los demás y al ambiente, menos se necesitará ni se tolerará el manejo de la adaptación." (1975: 217). Para lograr esta democratización del autocuidado en el marco de una promoción universal del bienestar, el gobierno debería aceptar transformar el paradigma biomédico actual por una concepción ajena a los intereses de los grupos farmacéuticos y agroalimentarios. De esta forma se reduciría de forma positiva la presión sobre un sistema público de salud al borde de la asfixia.

RECOMENDACIONES

A raíz de este estudio sobre el tiempo de espera, surge la necesidad de hacer una serie de recomendaciones. Aunque esta investigación no fue financiada ni patrocinada por ningún organismo público ni dependencia gubernamental, tomamos aquí la libertad de enlistar una serie de sugerencias para mejorar la atención de los enfermos. Aceptamos la idea de que la labor intelectual en Ciencias Sociales implica personalmente a las y los académicos, lo cual puede manifestarse en una toma de posición frente, por ejemplo, a disfuncionamientos institucionales y conductas gremiales que perjudican a un sector de la población. Tenemos en mente tres ejemplos destacados de una labor sociológica que desembocó en acciones concretas a favor de un grupo vulnerable. Está el caso de Erving Goffman cuyo libro "Internados" influyó sobre los legisladores estadunidenses para mejorar las condiciones de hospitalización de los enfermos mentales. Puede mencionarse también a Michel Foucault cuyas denuncias en torno al maltrato de los presos en Francia desembocó en la creación de un Observatorio sobre las cárceles. En cuanto a Pierre Bourdieu, su postura respecto de la situación de los inmigrantes argelinos en Francia lo condujo a defender su causa y crear un Comité de apoyo a intelectuales magrebíes que huyeron de la guerra civil de su país en los noventa.

En esta investigación sobre la espera en Urgencias de los hospitales públicos de la Ciudad de México hemos sido el testigo ocular de irregularidades y de violaciones a los derechos humanos de los esperandos. Si bien no todos los testimonios recabados incluían quejas, no obstante fue el caso de la gran mayoría. Hemos visto cómo una parte del personal maltrata a los derechohabientes. Hemos visto las consecuencias humanas del colapso del Sector Salud – al margen de la ideología del gobierno en el poder–. Hemos grabado también la desesperación de los enfermos y la reprobación callada de los acompañantes. Hemos escuchado las numerosas reclamaciones del personal que labora en el área de Urgencias. Frente a este panorama humano desolador, es una necesidad moral imperiosa hacer algo para el bien de la población derechohabiente. Las siguientes recomendaciones concretas tienen como propósito señalar las áreas de oportunidad y esbozar las posibles soluciones.

La primera recomendación es la necesidad de producir datos actualizados y confiables sobre la situación del sector salud en México. Las estadísticas constituyen una herramienta fundamental para justificar decisiones presupuestarias orientadas al bienestar de la población en su conjunto, por lo que deberían implementarse mecanismos institucionales para asegurar una alimentación constante de las bases de datos. Los mecanismos para transparentar la información mediante un acceso universal y oportuna a la misma, deberían de operar sin restricciones. Una metodología adecuada aplicada a nivel nacional y aceptada en las entidades federativas permitiría una homogeneización de la producción de datos, y abriría la posibilidad de analizar en el tiempo la evolución de los diferentes tópicos. Es más, en determinados ámbitos de la salud, podría compararse la situación de México con los demás países. Para contar con una información estadística objetiva y confiable, debería establecerse una separación entre el personal de salud que alimenta las bases de datos y las decisiones presupuestarias subsecuentes. No debería haber sanciones para el área de Urgencias de un hospital que dé menos consultas anuales que otro, o bien para un médico que atienda menos pacientes al día que los demás porque dedica más tiempo a cada uno de ellos. Es la idea misma de rentabilidad del sector público de la salud que debe ser revisado con el fin de volver a dar la prioridad a la atención a la salud de los pacientes. Al respecto, la posibilidad de manipular la información capturada hacia determinados fines es una situación que dificulta la interpretación acertada de la realidad en esta materia. En especial, la generación de diagnósticos objetivos e independientes, diferentes a los realizados por el CONEVAL, constituiría la base sobre la cual podría edificarse una eficiente política de mejoramiento del sector público de la salud. El acceso universal a esta información constituiría una valiosa herramienta para todos quienes estudian este ámbito de la acción gubernamental.

Imperativa es la necesidad de aumentar la capacidad de atención médica del público derechohabiente del IMSS y del ISSSTE y no solamente para alcanzar el estándar internacional establecido por la OCDE, sino para el bien mismo de la población mexicana. Esto implica tomar decisiones políticas y orientaciones presupuestarias para poner en funcionamiento los hospitales dañados por el sismo de 2017, como es el caso del Hospital General de Zona 25 del IMSS, por ejemplo, así como los hospitales cuya construcción no ha concluido o no operan por otras razones. Al trabajar de manera coordinada las autoridades de la capital y del Estado de México fomentarían más ampliamente el bienestar de la población que habita en el Valle central de México. Es menester también que la inversión en el sector hospitalario incluya una remodelación del área de

Urgencias en los casos en que el hacinamiento del público ha complicado su funcionamiento e incluso se ha vuelto peligroso para la salud de quienes ahí laboran y esperan (debido a mayores riesgos de transmisión de enfermedades infecciosas). Una mejor repartición de los pacientes entre los diferentes hospitales en una zona determinada de la Ciudad de México (Norte, Sur, Poniente, Oriente) permitiría una reducción de la presión sobre el personal y, por consiguiente, un incremento en cuanto a la calidad de la atención, lo cual se reflejaría, en principio, en una atención universal de quienes acuden al servicio de Urgencias. Se podría reducir también el tiempo de espera. En suma, es crucial buscar poner en operación a todos los hospitales públicos y optimizar las condiciones de recepción y espera de los derechohabientes.

Ahora bien, la Norma Oficial Mexicana PROY-NOM-016-SSA3-2012 establece los requisitos mínimos de infraestructura y equipamiento en los hospitales y consultorios de atención médica especializada. En este documento, las disposiciones que se refieren específicamente al área de Urgencias son pocas y de un carácter general. Asimismo, se dice que los pasillos y espacios deben ser amplios para facilitar el paso de las camillas; que debe haber un área para entrevistar, otra para exploración, así como consultorios. Es todo. En los Apéndices no se menciona nada sobre las sillas de la sala de espera ni sobre cualquier mobiliario que ahí debiera estar. En efecto, en los Apéndices se precisa el mobiliario mínimo que cada una de las áreas de especialidad debe tener, pero la sala de espera no aparece en este listado. Hay una sola mención respecto de los baños cuando en el inciso 7.11 se señala: "La sala de espera deberá contar preferentemente con sanitarios para público y pacientes, independientes para hombres y mujeres; además cada uno de ellos deberá disponer de un inodoro para uso de personas con discapacidad, de acuerdo con la Norma Oficial Mexicana referida en el numeral 3.17 de esta norma." Tan poca importancia se da al número de sanitarios, que en otra parte de esta norma se anota que los sanitarios del área de espera pueden ser compartidos con otra área (inciso 6.6.6.11). A raíz de nuestra investigación de campo estamos convencidos de que esta norma debe ser actualizada y mejorada con el fin de considerar a la sala de espera como un lugar por completo, con una importancia similar a la de los consultorios, laboratorios y salas de cirugía. Asimismo, debe forzosamente haber varios sanitarios particulares para cada sala de espera –más para mujeres que para hombres (por ser más numerosas dentro de la población de los "esperandos"). Aunado a éstos, un lavadero mixto de fácil acceso permitiría a la gente lavarse las manos y refrescarse el rostro. Estos implementos coadyuvarían a cambiar de manera significativa las condiciones de espera de los enfermos y sus familiares.

Aunado a lo anterior compartimos las recomendaciones de Germán González y Santillán (2007) quienes, a principios del milenio, invitaban ya las autoridades a actualizar la NMX-C-2007-1977 "Criterios de ruido según la función de los claustros", con el fin de adecuar la legislación nacional a los valores aceptados a nivel internacional en materia de comodidad acústica. Asimismo, el diseño de salas de espera menos ruidosas –merced a un mejor diseño del espacio, el empleo de materiales que absorben el ruido, separaciones eficaces de los diferentes espacios– contribuiría a incrementar el bienestar no solamente de los usuarios sino también del personal que labora en los hospitales. Por ejemplo, no tendría que gritar tan fuerte y de manera repetida el nombre de los pacientes para dar noticias suyas a los familiares.

Las normas actualmente en vigor son insuficientes para garantizar el bienestar de quienes acuden a Urgencias y se quedan en la sala de espera. En el caso de los hospitales que no están terminados de construir o por edificarse,[131] los arquitectos deberían prever un espacio suficiente para el área de Urgencias y pensar siempre en la comodidad de quienes suelen pasar mucho tiempo ahí. Sería importante prever un sistema de dos puertas (*an entrance hall*) para aislar mejor la sala de espera del exterior y evitar las corrientes de aire cada vez que alguien entra o sale. La circulación del aire debe estar controlada, ya sea con aire acondicionado o ventiladores. Respecto del aspecto arquitectónico, se recomienda planear un número suficiente de cubículos para: admisión, servicio social, *Triage* y consulta. Asimismo, es fundamental que los asientos estén en número suficiente y de forma ergonómica para facilitar el reposo de los pacientes y enfermos. El hecho de que puedan reclinarse ayudaría mucho a los familiares en sus horas de descanso. El testimonio de la señora Carolina, quien sufrió sobremanera al dormirse a la intemperie como vagabunda, lo confirma:

---

[131] Según la Auditoría Superior de la Federación, existen varios centenares de hospitales en el país que no operan debido principalmente a un mal manejo de los recursos. "Secretaría de Salud encontró 250 hospitales y clínicas abandonados o a medio construir en México", *Infobae*, (17/12/2018). https://www.infobae.com/america/mexico/2018/12/17/secreta ria-de-salud-encontro-250-hospitales-y-clinicas-abandonados-o-a-medio-construir-en-mexico/

Se sugiere igualmente la instalación, en un lugar visible, de casilleros para que los familiares puedan guardar ahí sus pertenencias en lugar de dejarlas en el piso abajo de sus asientos.

Aunque la Norma 016.SSA3.2012 hace mención de la necesaria distribución de agua potable "para los servicios que lo requieran", la invisibilidad de la sala de espera en este documento tiene como consecuencia la inexistencia de bebederos de agua potable en el área de Urgencias, carencia que había que resarcir si en verdad se quiere mejorar las condiciones de espera de los pacientes y sus acompañantes. Al respecto, una entrevistada nos comentó:

---

[132] Entrevista directa con la Sra. Carolina, 52 años, afuera del Hospital General 1-a ("Hospital de los venados"), el 01/02/2020.

hospital no tengan. Por eso un familiar debe estar allá adentro… ¡porque todo piden!" [133]

La presencia de botes de basura no solamente en los consultorios sino también en la sala de espera y en la entrada del hospital contribuiría también a mejorar las condiciones sanitarias de las instalaciones. De igual manera, se recomienda ubicar un número suficiente de contactos eléctricos para que los derechohabientes puedan recargar sus celulares, y el personal de intendencia conectar los aparatos de limpieza. Una red wi-fi de acceso gratuito coadyuvaría a mejorar las condiciones de espera de los familiares. También sería de gran ayuda poder tener una pantalla en la cual se señalarán las diferentes etapas del trámite administrativo de ingreso y egreso de los pacientes, así como la lista actualizada de los pacientes, lugar/cama en que se encuentran, nombre del médico responsable, exámenes realizados, etc. Incluso podrían presentarse cápsulas de divulgación que aborden diferentes temas relacionados con la salud y la prevención de enfermedades.[134]

Esta serie de señalamientos dirigidos a quienes se encargan de diseñar y remodelar las áreas de Urgencias de los hospitales públicos son fundamentales porque pensamos que pueden contribuir a incrementar el bienestar de las personas a pesar de su difícil situación. Estos mejoramientos deben necesariamente

---

[133] Entrevista directa con la Sra. María Teresa, 60 años, afuera del Hospital general de Zona 53, 11/02/2020.

[134] En una experiencia realizada hace unos años en la sala de espera de Urgencias de un hospital de oftalmología en Laval, Canadá, se comprobaron los efectos positivos de la presentación de pequeños programas informativos sobre las enfermedades de los ojos, su prevención y tratamiento (Grenier, 1975).

complementarse con una gestión más eficiente del personal.

Para una atención de calidad de los enfermos y heridos debe haber un personal lo suficientemente numeroso y capacitado. Tanto los policías de entrada, como la secretaría en ventanilla, la encargada de servicio social, el personal de intendencia, los camilleros, las enfermeras, los médicos pasantes y residentes, todos deberían manifestar este espíritu de servicio al prójimo mediante una atención amable y respetuosa. El estrés laboral no puede justificar desatenciones y actitudes despectivas por parte del personal que labora en el área de Urgencias. Somos de la idea de que el personal de salud que fomenta una percepción negativa de los derechohabientes debería seguir cursos de Formación Continua para desarrollar una actitud diferente. La amabilidad y la empatía son factores que favorecen una buena comunicación. La atención de los pacientes puede hacerse en buenas condiciones cuando existe una predisposición positiva por parte del personal de salud. La integración de materias como "desarrollo humano" y "derechos humanos" en la carrera de médicos y enfermeras, contribuiría ciertamente a sensibilizar el personal en torno a la interacción con el paciente y sus acompañantes. Una actitud compasiva –mediante palabras de aliento y unas simples recomendaciones– puede ayudar mucho a quienes sufren en carne propia o soportan el dolor de su familiar. Es posible no solamente reducir los tiempos de espera, sino emplearlos para procurar el bienestar de los esperandos.

> "El tiempo de espera, cuando és utilizado para propiciar un ambiente desinhibido y alegre, minimiza los sentimientos negativos vividos

por ambos, niños y acompañantes, y abre caminos para establecer relaciones armoniosas entre ellos y los profesionales" (Da Silva Pedro, *et al.*, 2007: 1).

Asimismo, una mejor selección del personal de salud y su posterior capacitación asegurarían, en su conjunto, un trato óptimo a los derechohabientes. Esta empatía hacia el dolor ajeno debe estar acompañada por condiciones laborales aceptables que eviten el *burn out* del personal hospitalario mediante una repartición justa de los horarios, turnos y guardias los fines de semana y días festivos. La contratación de más personal es un elemento clave en un proyecto institucional de mejoramiento de la atención de los pacientes en Urgencias. La severa carencia de residentes por la noche, los fines de semana y los días festivos perjudica gravemente las condiciones de posibilidad de acceso a la salud. De manera general, el personal médico tiene como compromiso ético hacer todo lo posible para procurar el bienestar de los enfermos y salvar vidas. Siendo crucial la responsabilidad de los médicos en el proceso de recuperación de los pacientes en Urgencias, esta responsabilidad debe tener su contraparte en el monto mensual de los ingresos percibidos. En consecuencia, debería recibir emolumentos correspondientes y gozar de satisfactorias condiciones laborales (salario, horarios, descansos y vacaciones).

Si bien existe una jerarquía entre el personal médico en función de los años de estudio, especialidad y experiencia, esa escala no puede legitimar la vejación de los subordinados. Este proceso universal de "deshumanización" de los estudiantes de medicina por parte de algunos de sus profesores mediante reproches y humillaciones no ayuda ni en la creación de una disciplina ni en el fortalecimiento de una ética profesional, sino todo lo contrario: una vez asumiendo sus funciones, estos médicos tienden a reproducir lo que ellos mismos han padecido durante su formación. En estas condiciones, ¿cómo puede respetarse al paciente como ser humano, si no se respeta a los subalternos como hombres y mujeres? Sin respeto, no hay ayuda posible. Habrá prescripciones, habrá intervenciones terapéuticas, pero no habrá respeto, por lo que se seguirá considerando *a priori* al paciente como "problemático", "quejoso", "mentiroso" e "ignorante". Asimismo, una buena atención de los enfermos en Urgencias exige *ex ante* relaciones respetuosas y cordiales entre todo el personal médico, desde el de menor nivel hasta el más alto responsable. De manera general, es deseable que el cuerpo médico en su conjunto asocie el nivel jerárquico a una conducta personal y ética ejemplar. En efecto, las muestras de un poder arbitrario sobre los subalternos deben ser sustituidas por la ejemplaridad de la práctica médica para con los pacientes. Podría esperarse que el prestigio se gane por la calidad de la labor realizada diariamente. Salvar una vida es ciertamente la más bella de las acciones humanas.

El mejoramiento de las condiciones laborales del personal que trabaja en los hospitales públicos es una prioridad, pero lo es también la limpieza. En efecto, el número insuficiente de personal de intendencia junto con otros factores como la sindicalización o no de los mismos, la disponibilidad de insumos de limpieza y los horarios de trabajo, tiende a limitar las condiciones sanitarias y de higiene en los espacios comunes del hospital. La sala de espera es ciertamente uno de los lugares en los cuales más personas se aglutinan día y noche, y por lo tanto uno de los espacios que más se ensucian. El siguiente testimonio es interesante al respecto.

> "Pues, hacen la limpieza una vez al día. Eso [señala con un ademán el piso de la sala de espera], lo hicieron en la mañana temprano y como puedes ver hay mucha gente. Y sí hay mucha gente, hay mucha mugre. Si me gustaría que lo hicieran al menos unas tres veces al día, que se dividiera; en la mañana, a medio día y en la tarde, porque precisamente este es un hospital donde hay más bacterias, donde se ejerce de todo, viene gente de todo tipo de enfermedades, aquí se puede contagiar uno de todo."[135]

Informantes entrevistados en otros hospitales nos compartieron una sugerencia similar a raíz de su experiencia de espera en Urgencias. A las consideraciones estéticas e incluso olfativas, se suman consideraciones higiénicas para justificar una mejor limpieza en las áreas comunes. Durante la pandemia, la afluencia de pacientes con probable Covid-19 en los hospitales públicos (y también privados) ha exigido una estricta revisión de los protocolos de limpieza, aunque en los hechos se ha denunciado reiteradamente la carencia de insumos y condiciones laborales deplorables. La limpieza de las salas de espera debe ser diseñada desde la perspectiva de una desinfección regular del lugar.

Finalmente, es menester terminar diciendo que estas recomendaciones no son específicas para los hospitales públicos de la Ciudad de México, sino que

---

[135] Entrevista directa con Verónica, 32 años, en la sala de espera del Hospital General de Zona 33, 16/01/2020.

pueden tener alguna validez para las áreas de Urgencias de los hospitales de la gran mayoría de los países latinoamericanos. Puedan estas sugerencias ser escuchadas para el bienestar del mayor número de enfermos.

SIGLAS Y ACRÓNIMOS

COFEMER	Comisión Federal de Mejora Regulatoria
CONACYT	Consejo Nacional de Ciencia y Tecnología
CONAMED	Comisión Nacional de Arbitraje Médico
CONAMER	Comisión Nacional de Mejora Regulatoria
CONEVAL	Consejo Nacional de Evaluación
ENSANUT	Encuesta Nacional de Salud y Nutrición
IMSS	Instituto Mexicano del Seguro Social
INSABI	Instituto de Salud para el Bienestar
ISSSTE	Instituto del Seguro y Servicios Sociales de los Trabajadores del Estado
MORENA	Movimiento de Regeneración Nacional
OCDE	Organización para la Cooperación y el Desarrollo Económico
PEMEX	Petróleos Mexicanos
PIB	Producto Interno Bruto
SEDENA	Secretaría de la Defensa Nacional
SEMAR	Secretaría de Marina
SHCP	Secretaría de Hacienda y Crédito Público
SSA	Secretaría de Salud
TAOD	Técnicas y Técnicos en Atención y Orientación al Derechohabiente
TIC	Tecnología de la Información y Comunicación

UAM-X   Universidad Autónoma
Metropolitana - Xochimilco
UMAA   Unidad Médica de Atención
Ambulatoria
UNAM   Universidad Nacional Autónoma
de México

BIBLIOGRAFÍA

ACUÑA DELGADO, Ángel. (2005), "Funciones y definición conceptual de la carrera rarámuri en la Sierra Tarahumara", en *Nueva Antropología*, vol.19, núm.64, pp.149-171.

ACUÑA DELGADO, Ángel. (2006), "La carrera de bola y ariweta rarámuri en la Sierra Tarahumara", en *Revista de Antropología Experimental*, núm.6, pp.1-19.

AGAMBEN, Giorgio. (2005), *Estado de excepción. Homo Sacer, II, I.* Buenos Aires: Adriana Hidalgo Ed.

AUGÉ, Marc. (1992), *Los no-lugares. Una antropología de la posmodernidad.* Barcelona: Gedisa.

AUYERO, Javier. (2013), *Pacientes del Estado.* Buenos Aires: Eudeba.

BARRAGÁN SOLIS, Anabella. (2005), "La interrelación de los distintos modelos médicos en la atención del dolor crónico en un grupo de pacientes con neuralgia posherpética", en *Cuicuilco*, vol.12, núm.33, enero-abril, pp.61-78.

BELLAMY, Clara, Roberto CASTRO. (2019), "Formas de violencia institucional en la sala de espera de urgencias en un hospital público de México", en *Revista Ciencia de la Salud*, vol.17, núm.1, enero-abril, pp.120-137.

BOURDIEU, Pierre. (1997), *Meditaciones pascalianas.* Barcelona: Anagrama.

BOURDIEU, Pierre. (2000), *La dominación masculina.* Barcelona: Anagrama.

BOURDIEU, Pierre. (2011), *Las estrategias de reproducción social.* Buenos Aires: Siglo XXI.

CANDIA CALDERÓN, Alethea Gabriela, y Sazcha Marcelo OLIVERA VILLARROEL. (2021), "Índice de vulnerabilidad del sector salud en México: la infraestructura hospitalaria ante la COVID-19", en *Horizonte sanitario*, vol.20, núm.2, pp. 217-225.

CARBONELL María Ángeles, *et al.* (2006). "Determinantes del tiempo de espera en urgencias hospitalarias y su relación con la satisfacción del usuario", en *Emergencias: Revista de la Sociedad Española de Medicina de Urgencias y Emergencias*, núm.18, pp.30-35.

CASAS PATIÑO, Donovan, Alejandra RODRÍGUEZ TORRES, Isaac CASAS PATIÑO. (2015), "Medicina basada en existencias: la espera del paciente en un acto médico agotado", en *Medwave*, vol.15, núm.2.

CASAS PATIÑO, Donovan. (2021), *Diálogos con la muerte: estelas del Covid 19.* Curitiba: Editorial CRV.

CASTRO, Roberto. (2014), "Génesis y práctica del habitus médico autoritario en México", en *Revista Mexicana de Sociología*, vol.76, núm.2, pp.167-197.

CASTRO, Roberto, Marcía VILLANUEVA LOZANO. (2018), "Violencia en la práctica médica en México: un caso de ambivalencia sociológica", en *Estudios sociológicos*, vol. XXXVI, núm.108, pp.539-569.

CLOCHARD, Olivier, Smaïn LAACHER. (2006), "Vers une banalisation de l'enfermement des étrangers dans l'Union Européenne", in *Bulletin de l'Association des Géographes Français*, num.1, pp.121-136.

COENEN HUTHER, Jacques. (1992), "Production informelle de normes: les files d'attente en Russie soviétique", in *Revue Française de Sociologie*, vol.33, num.2, pp.213-232.

COFEMER. (2014), *Simplifica. Programa de simplificación de cargas.* Disponible en: http://www.cofemer.gob.mx/imagenesUpload/20159 301634Programa%20SIMPLIFICA_COFEMER.pdf (consultado el: 27/04/2018).

CRIVOS, Marta. (1988), "Estudio antropológico de una sala de hospital", en *Medicina y Sociedad*, vol.11, núm.5-6, pp.127-137.

DA SILVA PEDRO, Iara Cristina, *et. al.* (2007), "Jugando en la sala de espera de un servicio ambulatorio infantil bajo la perspectiva de niños y sus acompañantes", en *Revista latinoamericana Enfermagem*, marzo-abril, vol.15, núm.2, pp.1-9.

DAMIÁN, Araceli. (2014), *El tiempo, la dimensión olvidada en los estudios de pobreza y bienestar*. Ciudad de México: El Colegio de México.

DONABEDIAN, Avedis. (1988), *Los espacios de la salud: aspectos fundamentales de la organización de la atención médica*. Ciudad de México: FCE – SSA – INSP.

ENSANUT. (2016), *Informe final de resultados*. Ciudad de México: SSA – INSP. Disponible en: http://promocion.salud.gob.mx/dgps/descargas1/doc tos_2016/ensanut_mc_2016-310oct.pdf

ENSANUT. (2020), *Encuesta Nacional de Salud y Nutrición 2018-2019. Resultados nacionales*. Ciudad de México: SSA – INSP - INEGI.

FERRERO, Laura. (2003), "Tiempo y ritual en la organización del cuidado médico", en *Cuadernos de Antropología Social*, núm.18, pp.165-183.

FLORES GONZÁLEZ, Elizabeth *et al.* (2020), "Eficiencia del sistema de triage en un servicio de emergencia hospitalario", en *Cuidarte*, vol.9, núm.18, pp.46-54.

FOUCAULT, Michel. (1988), "El sujeto y el poder", en *Revista Mexicana de Sociología*, vol.50, núm.3, pp.3-20

FRANKENBERG, Ronald. (1992), "'Your time or my time': temporal contradictions of biomedical practice", in Frankenberg R., *Time, Health and Medecine*. London: Sage Publications Ltd, pp.1-30.

GARCÍA, María Guadalupe, y RECODER, María Laura, y MARGULIES, Susana. (2017), "Espacio, tiempo y poder en la atención hospitalaria de la salud y la enfermedad: Aportes de una etnografía de un centro obstétrico", en *Salud Colectiva*, vol.13, núm.3, pp.391-409.

GARCÍA ÍBAÑEZ, Grazamela. (2017), *Incidentes microculturales en una sala de espera*. Tesis de Master de Antropología y Etnografía, Universitat de Barcelona.

GARROCHO, Carlos. (1993), "De la casa al hospital: un enfoque espacio-temporal", en *Estudios sociológicos*, vol. XI, núm.32, pp.547-554.

GERMÁN GONZÁLEZ, Miriam, Arturo O. Santillán. (2007), "Ruido en salas de espera de unidades médicas", en *Revista Médica del Instituto del Seguro Social*, vol.45, núm3, pp.269-275.

GOFFMAN, Erving. (1979), *Relaciones en público. Microestudios del orden público.* Madrid: Alianza Editorial.

GOFFMAN, Erving. (2001), *Internados. Ensayos sobre la situación social de los enfermos mentales.* Buenos Aires: Amorrortu Eds.

GOTTESDIENER, Hana. (1994), "Étudier la file d'attente", in *Publics et Musées*, num.4, pp.138-140.

GRENIER, Denise. (1975), "En salle d'attente au CUHL", in *Communication Information*, vol.1, num.1, pp.93-95.

ILLESCAS, Gerardo. (2006) "Triage: atención y selección de pacientes", en *Medigraphic*, vol.9, num.2, pp.48-56.

ILLICH, Iván. (1975), *Némesis médica. La expropiación de la salud.* México: Barral.

HIRSCHMAN, Albert. (1977), *Salida, voz y lealtad.* Ciudad de México: FCE.

LANGDON, Esther Jean, y Flávio BRAUNE WILK. (2010), "Antropología, salud y enfermedad: una introducción al concepto de cultura aplicado a las ciencias de la salud", en *Revista Latino-Americana Enfermagem*, vol.18, núm.3, pp.177-185.

LARRAHONDO, Brayan Fernando, (2016), "La carrera del paciente mental: un estudio de tres familias", en

Antropología social, vol.18, núm.1, enero-junio, pp.237-287.

LARREA KILLINGER, Cristina, Mariano PLANA FERNÁNDEZ. (1994), "Las salas de espera, reflejo de las contradicciones de la organización sanitaria: a propósito de una experiencia de vídeos de educación sanitaria", en *Jano*, 18-24 de marzo, vol. XLVI, núm.1074, pp.67-74.

LEBLANC, Nathalie. (2000), "La situation des demandeurs d'asile en France", in *Communications*, num.70, pp.243-256.

LEÓN NORIS, Martha Lilia *et al.* (2017), "Estrés y estilos de afrontamientos de las enfermeras de un hospital de Veracruz", en *Revista Iberoamericana de las Ciencias de la Salud*, vol.6, núm.12, julio-diciembre, pp. 1-24.

LLANOS GUERRERO, Alejandra, y Judith MÉNDEZ MÉNDEZ. (2021), "Sueldos y salarios en el sector salud: Año internacional de los trabajadores de la Salud", en *CIEP*, 6 abril, pp.1-7. Disponible en: https://ciep.mx/ET4u (consultado el 27/04/2021).

LOPERA BETANCUR, Martha Adiela, *et al.* (2010), "Dificultades para la atención en los servicios de urgencias: la espera inhumana", en *Investigación y Educación en Enfermería*, vol.28, núm.1, marzo, pp.64-72.

LOPEZ Flor, Adrián Guillermo AGUILAR. (2004), "Niveles de cobertura y accesibilidad de la infraestructura de los servicios de salud en la periferia metropolitana de la Ciudad de México", in *Investigaciones geográficas*, núm.54, pp.185-209.

MALDONADO ISLAS, Guadalupe. *et al.* (2001), "Tiempo de espera en el primer nivel para la población asegurada por el IMSS", en *Revista Médica del IMSS*, vol.40, núm.5, pp.421-429.

MARTIN, Pascal. (2011), "Gestion de la file d'attente et invisibilisation des précaires. Mensonge institutionnalisé dans une caisse d'assurance maladie", in *Actes de la Recherche en Sciences Sociales*, vol.189, núm.4, pp.34-41.

MARTÍN PÉREZ, Alberto. (2009), *Les étrangers en Espagne. La file d'attente devant les bureaux de l'immigration.* Paris: L'Harmattan.

MÉNDEZ MÉNDEZ, Judith Senyacen. (2019), "La contracción del gasto per cápita en salud: 2010-2020", en *CIEP*, 15 de octubre. Disponible en: https://ciep.mx/GvUt (consultado el 30/04/2021).

MENÉNDEZ, Eduardo. (1998), "Modelo médico hegemónico: reproducción técnica y cultural", en *Natura Medicatrix*, núm.51, octubre, pp.17-22.

MENÉNDEZ, Eduardo. (2003), "Modelos de atención de los padecimientos: de exclusiones teóricas y articulaciones prácticas", en *Ciência & Saúde Coletiva*, vol.8, núm.1, pp.185-207.

MURILLO VILLANUEVA, Brenda y Leobarbo de Jesús ALMONTE. (2020), "Gasto público en salud y su composición, el caso de México", en *Economía actual*, año 13, núm.3, pp.37-41.

OECD. (2015), *Health at a Glance 2015: OECD Indicators.* Paris: OECD Publishing. Disponible en: http://dx.doi.org/10.1787/health_glance-2015-en

OECD. (2020), *Panorama de la salud. Indicadores de la OCDE.* México: CANIFARMA.

OMS. (2020), *La situation du personnel infirmier dans le monde, 2020. Résumé d'orientation.*

ORTIZ BORBOLLA, Sergio. (2014), "Hospitales públicos, calvario para los familiares de pacientes pobres", en *Contralínea*, núm.376, 10 a 16 de marzo, pp.40-51.

OSSES PAREDES, Claudido, Sandra VALENZUELA SUAZO, Olivia SANHUEZA ALVARADO. (2010), "Hombres en la enfermería", en *Enfermería Global*, núm.18, feb., pp.1-7.

PENEFF, Jean. (1998), "La face cachée d'Urgences. Le feuilleton de la télévision", in *Genèses*, num.30, pp.122-145.

PRITCHARD, Peter (1992) "Doctors, patients and time", en Frankemberg, R. *Time, Health and Medicine*. London: Sage Publications, pp.75-93.

RODRÍGUEZ WEBER, Miguel Ángel, Carlos LÓPEZ CANDIANI MASS. (2005), "Disminución del tiempo de espera en consulta de especialidad mediante una estrategia de análisis de procesos", en *Acta Pediátrica de México*, vol.26, núm.4, pp.178-183.

ROTH, Julius. (1972), "Some Contingencies of the Moral Evaluation and Control of Clientele: The Case of the Hospital Emergency Service", in *American Journal of Sociology*, vol.77, núm.5, pp.839-856.

SÁNCHEZ HERRERA, Karina, Noemi LUGO MALDONADO, Selene Guadalupe HUERTA OLVERA. (2020), "Retos e implicaciones en el Sistema de Salud por la pandemia del COVID-19", en Medel Palma Carmen *et al.* (coords), *México ante el Covid 19: acciones y retos*. México: Cámara de Diputados, UAM-X, pp. 127-138.

SÁNCHEZ GONZÁLEZ, José Juan. (2012), *La corrupción administrativa en México*. Toluca: IAP.

SATURNO HERNÁNDEZ, Pedro Jesús, *et al.* (2017), "Implementación de indicadores de calidad de la atención en hospitales públicos de tercer nivel en México", en *Salud Pública de México*, vol.59, núm.3, pp. 227-235.

SICILIANI, Luigi, Michael BOROWITZ, Valérie MORAN (eds.) (2013), *Waiting Time Policies in the Health Sector:*

What Works? OECD Health Policy Studies, OECD Publishing.

SCHWARTZ, Barry. (1974), "Waiting, Exchange and Power: the Distribution of Time in Social System", in *American Journal of Sociology*, vol.79, núm.4, pp.841-870.

SUTTON Hamui, Ruth FUENTES GARCÍA, Rebecca AGUIRRE HENÁNDEZ, Omar Fernando RAMÍREZ DE LA ROCHA. (2013), "Expectativas y experiencias de los usuarios del Sistema de Salud en México: un estudio de satisfacción con la atención médica", en *Atención Familiar*, vol.22, núm.4.

URESTE, Manuel. (2016), "Hospitales llenos y sin medicina: el calvario de los pacientes", en *Animal Político*, 07/07/2016. Disponible en: http://www.animalpolitico.com/2016/12/hospitales-saturados-y-sin-medicinas-el-calvario-de-pacientes-y-doctores/ (consultado el 17/10/2018).

WEBER, Max. (2000), *¿Qué es la burocracia?* ElAleph.

ANEXO

GUIÓN DE PREGUNTAS

1. ¿Acompaña a un familiar o usted espera para ser atendido?
    -    Acompañante
    -    Enfermo

2. ¿El enfermo (o usted) es derechohabiente de?
    -    Seguro Popular
    -    IMSS
    -    ISSSTE
    -    No tiene
    -    Otro

3. En total ¿cuántos miembros de su familia vienen aquí a Urgencias?
    -    Solo
    -    Entre dos y cuatro
    -    Más de cuatro

4. ¿Cuánto tiempo de traslado hace de su domicilio hasta el hospital?
    -    Menos de media hora
    -    Entre 30 minutos y dos horas
    -    Más de dos horas

5. ¿Se van turnando?
    -    Sí
    -    No

6. ¿Cuánto tiempo lleva(n) esperando?
    -    Entre 4 y 24 horas
    -    Varios días
    -    Más de una semana

7. ¿Sabe cuánto tiempo más va a tener que esperar?
   - Sí
   - No

8. ¿Ha tenido una experiencia previa de espera en Urgencias? (contarla por favor)
   - Una vez
   - Varias veces
   - Es la primera vez

9. ¿En qué lugar está esperando?
   - Dentro del Hospital
   - Afuera del Hospital
   - Otro lugar

10. ¿Cómo ocupa su tiempo mientras espera? (varias respuestas posibles)
   - Con el celular
   - Platicando
   - Leyendo
   - Tejiendo y haciendo bordados
   - No haciendo nada

11. ¿Qué gastos ha tenido en su espera? (varias respuestas posibles)
   - Alimentos
   - Material de curación
   - Medicina
   - Otros: (precisar)

12. ¿Qué actividades dejó de hacer al venir a esperar aquí en Urgencias?
   - Actividad laboral
   - Quehacer en el hogar
   - Estudiar
   - Otras

13. ¿Qué es lo más difícil que tiene que pasar en su espera
en Urgencias? (varias respuestas posibles)
- La incertidumbre
- Las condiciones precarias de espera
- Los malos tratos del personal
- Otro: (precisar)

14. ¿Cómo calificaría la atención del personal en Urgencias?
- Muy buena
- Buena
- Regular
- Mala
- Muy mala

15. ¿Piensa que el tiempo de espera para ser atendidos
puede agravar el estado de los enfermos?
- Sí
- No

16. ¿Cuál es su opinión sobre la sala de espera de
Urgencias?
- Tamaño de la sala   Suficiente
                    Insuficiente
- Asientos   Suficientes
                   Insuficientes
- Limpieza   Buena
              Regular   Mala
- Sanitarios   Limpios
              Regular   Sucios
- Luz   Buena
              Regular   Mala

17. ¿Cómo se han comportado los policías de la entrada con
usted?
- Bien
- A veces bien
- Mal

18. ¿Piensa que a raíz del sismo del 19 de septiembre 2017,
ha cambiado algo en la espera en
   Urgencias?
   -   Sí
   -   No
   -   No sabe

19. En su opinión, ¿cómo podría mejorar la atención del
personal en Urgencias?

Edad:
Estado civil:
Relación de parentesco con el paciente:
Nombre: